AI와 무용 교육

AI총서

인공지능 시대입니다. 기계가 인간의 인지를 대신하고, 사물이 인간을 통하지 않고 다른 사물과 직접 커뮤니케이션합니다. 이에 따른 인간 삶과 문명 변화를 정확히 이해·예측·대응하는 것은 이 시대 우리 모두의 과제입니다. AI총서는 인공지능 기술과 환경의 여러 주제를 10가지 키워드로 정리합니다. 관련 개념과 이론, 학계와 산업계의 쟁점, 우리 일상의 변화를 다룹니다. 인간과 기술의 현재, 미래를 세심히 분석합니다.

일러두기

- 인명, 작품명, 저서명, 개념어 등은 한글과 함께 괄호 안에 해당 국가의 원어를 병기했습니다.
- 외래어 표기는 현행 어문규정의 외래어표기법을 따랐습니다.

처음이세요?

전문가세요?

AI와 무용 교육

김경미

대한민국, 서울, 커뮤니케이션북스, 2025

AI와 무용 교육

지은이 김경미
펴낸이 박영률

초판 1쇄 펴낸날 2025년 11월 18일

커뮤니케이션북스(주)
출판 등록 2007년 8월 17일 제313-2007-000166호
02880 서울시 성북구 성북로 5-11
전화(02) 7474 001, 팩스(02) 736 5047
commbooks@commbooks.com
www.commbooks.com

ISBN 979-11-430-1451-1 03500

책값은 뒤표지에 표시되어 있습니다.

차례

AI와 무용 교육의 변화

인공지능(Artificial Intelligence, AI)은 무용 교육에 어떤 변화를 가져올까? 무용은 몸을 언어로 삼아 세계를 이해하고 표현한다. 한 번의 호흡, 미묘한 시선의 전환, 발끝의 미세한 힘 조절까지 감정과 의미를 전한다. 그러나 몸도 감정도 없는 AI가 움직임의 궤적과 패턴을 정밀하게 읽어내면서 예술과 교육 현장은 새로운 국면을 맞았다. AI가 일으키는 변화는 기술적 편의를 넘어 무용 교육의 존재 이유와 학습 방식에 대한 근본 질문으로 이어진다.

AI 시대, 무용 교육을 다시 묻다

AI는 예술과 교육, 기술의 경계를 허물며 새로운 시대의 학습 패러다임을 열어가고 있다. 무용 교육도 그 흐름 속에서 근본적인 질문을 다시 마주한다. "AI 시대에 무용 교육은 왜 필요한가?", "기술이 인간의 몸과 감각을 대신할 수 있는가?"

무용은 인간의 신체를 통해 감정과 사유, 세계를 표현하는 예술이다. 그러나 오늘날 교육 현장은 데이터와 알고리즘, 자동화된 피드백이라는 새로운 언어로 재구성되고 있다. AI는 효율성과 정밀함을 제공하지만, 동시에 '몸으로 배우는 예술'의 의미를 다시 묻게 한다.

최근 몇 년 사이 AI 기술은 무용 교육 현장에도 빠르게 스며들고 있다. 무용의 움직임을 실시간으로 인식 · 분석하는 딥러닝 알고리즘, 무용 동작을 체계적으로 수집한 무용 데이터세트, VR(가상현실) · AR(증강현실) 기반의 몰입형 학습 플랫폼은 전통적인 교수법을 넘어 새로운 학습의 지평을 제시한다(윤서진, 2022; 최종환, 2022).

그럼에도 사람들은 여전히 묻는다. "무용에도 AI가 필요한가?" 이 물음은 단순한 선택의 문제가 아니라 무용 교육의 본질과 특수성을 되묻는 일이다. 무용은 반복 훈련을 통한 신체적 숙련뿐 아니라, 감각적 몰입과 정서적 교감을 통해 형성되는 미적 발달(aesthetic development)의 과정을 중요시한다(김경미, 2022). 이러한 경험은 데이터로 환원될 수 없으며, 몸의 체화된 인식(embodied cognition)과 미적 행위를 통해 의미가 생성되는 예술적 배움의 과정이다. 따라서 AI의 도입은 기술적 효율성의 문제가 아니라, "무엇을 가르치고 어떻게 배움이 이루어져야 하는가"라는 교육 철학적 질문으로 이어진다.

현재 무용 교육은 AI 도입의 초기 단계에 머물러 있다. 무용 창작과 교육과정 개발, AI 기반 수업 사례 연구가 점차 늘고 있지만, 여전히 기술 인프라의 한계, 교수자의 디지털 역량 부족, 데이터 표준화 미비 등이 걸림돌이 되고 있다. 그러나 AI의 급격한 발전은 무용 교육의 성찰과 대응을 요구한다. 기술 변화를 외면하면 학습 기회의 확장을 놓칠 수 있고, 반대로 효율성만을 좇는다면 무용의 본질적 가치가 훼손될 위험이 있다. 중요한 것은 무용의 고유한 특수성을 지키면서도 AI의 가능성을 창의적으로 통합할 수 있는 균형 잡힌 접근이다.

결국 "무용에도 AI가 필요할까?"라는 질문은 단순한 찬반 논쟁이 아니다. 그것은 무용 교육이 시대적 변화 속에서 어떤 방향으로 나아가야 하는가라는 근본적 질문으로 확장된다. AI와 무용 교육의 만남은 단순한 기술 도입이 아니라 교육적 전환의 계기이며, 몸과 감각, 예술의 본질을 다시 묻는 새로운 출발점이다. 그 답은 기술의 속도가 아니라, 인간의 몸과 감수성이 만들어 내는 배움의 깊이 속에 있다.

몸과 춤, 알고리즘을 만나다

무용의 언어는 몸과 감각이다. 인간은 몸을 통해 세계를 인식하고, 감각을 통해 타인과 소통하며, 움직임으로 사유한다. 그러나 오늘날 AI의 발전은 무용이 더 이상 아날로그적 체험에 머물지 않음을 보여준다. 데이터와 알고리즘은 무용의 움직임을 기록하고 분석하며, 새로운 형태의 창작을 제안하는 협력자로 등장하고 있다.

AI 기반 무용 데이터세트는 이러한 변화의 출발점이다. FineDance(A Fine-grained Dance Dataset for Choreography and Recognition: 안무 생성과 동작 인식을 위한 정밀 무용 데이터세트)와 같은 대규모 데이터세트 구축은 무용 동작을 체계적으로 수집하고 정량화하여 AI 학습과 무용 연구의 기초 인프라를 제공한다. 국내에서도 AI-Hub의 '춤 동작 공공 데이터세트 구축 사업'을 통해 전통 무용을 포함한 다양한 움직임을 디지털 아카이브화하려는 시도가 이어지고 있다. 이러한 데이터세트는 단순한 기술 자료가 아니라 무용의 신체 언어를 디지털 환경에서 재현하고 확장하는 기반이 된다. 그러나 동시에 무용의 정서적 뉘앙스나 맥락적 의미가 충분히 담길 수 있는가라는 질문이 뒤따른다.

AI는 학습자의 동작을 실시간으로 분석하고 피드백을

제공한다. 포즈 추정(Pose Estimation) 알고리즘은 신체의 관절 좌표를 인식해 동작의 정확성, 균형, 리듬감을 수치화한다(최종환, 2022). 실제 연구에서도 AI 기반 피드백이 학습자의 정확성과 자기 효능감을 높이고, 몰입도를 향상시킨다는 결과가 보고되었다(Miko et al., 2025; Xu et al., 2025). 이는 무용 교육이 기존의 주관적 평가 중심에서 벗어나 데이터 기반의 정밀한 피드백 체계로 진화할 수 있음을 보여준다.

또한 AI는 창작의 동반자이자 상상력의 촉매가 된다. 생성형 AI(Generative AI)는 기존 동작 패턴을 학습하여 새로운 움직임 시퀀스를 제안하거나, 안무가의 구상에 맞추어 변형된 안무를 자동으로 생성할 수 있다(신경아, 2020). 이는 안무가의 창의성을 대체하는 것이 아니라 발상을 자극하고 미적 사유를 확장하는 계기가 된다. 무용수도 AI가 제안한 움직임을 신체성과 결합하여 새롭게 표현해 낸다.

VR, AR, 메타버스(Metaverse: 가상과 현실이 융합된 3차원 디지털 공간)와 같은 몰입형 기술은 몸과 알고리즘의 만남을 더욱 확장한다. 학습자는 가상공간에서 다양한 무용 장면을 체험하거나, 존재하지 않는 무대 속에서 움직임을 탐구할 수 있다. 이는 특히 지역적 · 물리적 제약으로 수업 참여가 어려운 학습자들에게 새로운 예술적 접근의 기회를 제공한다.

그러나 AI가 아무리 정교해도 예술의 본질은 감각, 정서, 공감의 차원에 있다. AI는 움직임을 인식하고 분석할 수 있지만, 그 안의 감정과 호흡, 즉흥과 공명은 인간만이 느낄 수 있다. 따라서 몸과 알고리즘의 만남은 대체의 문제가 아니라 '보완과 확장'의 문제로 이해해야 한다. AI는 감각을 대신하는 존재가 아니라, 감각을 다시 인식하고 정교하게 다듬게 하는 거울이 된다.

결국 AI는 세상을 수치로 이해하는 방식이며, 예술은 세상을 느끼는 방식이다. 무용 교육은 바로 그 차이를 가르치는 과정이다. 기술이 감각을 확장할 수는 있어도 대체할 수는 없다. AI와 무용의 만남은 인간의 몸과 알고리즘이 서로의 한계를 인식하고 새로운 예술적 가능성을 탐구하는 과정이며, 이 만남을 통해 무용 교육은 기술을 넘어 '몸의 지혜'와 '감각의 사유'를 다시 배우는 장(場)으로 확장된다.

무용 교육, AI의 쓸모를 묻다

무용 교육에 정말 AI가 필요한가? AI는 무용 교육의 효율을 높이고, 학습 경험을 개인화하며, 동작의 정확성을 향상시킬 수 있다. 그러나 무용 교육의 본질은 효율이 아니라 신체, 감정, 사고가 균형 있게 성장하는 '미적 발달(aesthetic development)'의 과정에 있다(김경미, 2022). 따라서 AI의 도입은 단순한 기술 혁신이 아니라, 인간이 예술을 통해 어떻게 사유하고 성장하는가를 묻는 철학적 과정이어야 한다.

AI가 제공하는 데이터는 유용하지만, 그것이 감각과 감정을 대신할 수는 없다. 무용 교육의 목표는 학습자가 자신의 몸을 통해 세계를 인식하고, 감각을 통해 사고하며, 움직임 속에서 의미를 만들어 내는 것에 있다. AI는 이 과정을 보조할 수는 있어도, 결코 주체가 될 수는 없다.

AI의 가장 큰 가능성은 개인화된 학습과 정밀한 피드백 제공에 있다. 딥러닝 기반 동작 인식 기술은 학습자의 움직임을 실시간으로 분석하고, 구체적이고 세밀한 피드백을 가능하게 한다(서재성, 2022). 이는 전통적으로 교수자의 직관에 의존하던 피드백 구조를 보완하며, 데이터 기반의 객관적 지표와 자기 교정 능력의 향상을 이끈다. 또한 원격 · 하이브리드 수업에서 AI는 가상 코치로서 반복 학습을 지원해 학습자의 참여와 지속성을 높일 수 있음이 보고된다(Wang, 2024; Xu et al., 2025).

창작 과정에서도 AI는 상상력의 촉매이자 협력자가 된다. 생성형 AI는 기존 동작 패턴을 학습해 새로운 움직임 시퀀스를 제시하거나, 안무가의 구상을 시각화해 실험적 시도를 가능하게 한다(신경아, 2020). 이러한 협업은 안무가의 창의성을 대체하는 것이 아니라, 발상과 감각을 자극하고 표현의 가능성을 확장하는 데 기여한다. 다만 AI의 활용 목적은 어디까지나 표현력과 창의성의 확장에 두어야 하며, 효율성 자체가 목표가 되어서는 안 된다.

그러나 AI의 도입은 동시에 윤리적 · 교육적 문제를 드러낸다. 무용은 단순한 동작의 나열이 아니라 감각과 정서가 통합된 체험이며, AI가 생성한 움직임은 예술적 감흥이나 인간적 주체성을 완전히 대체할 수 없다. 또한 무용 데이터세트 구축 과정에서 학습자의 신체 데이터가 수집 · 분석되며, 개인정보 보호와 동의 절차, 활용 범위가 명확히 규정되지 않으면 학습자의 권리가 침해될 수 있다(백진주 · 박주초, 2022). 더불어 기술 격차와 접근성, 공정성, 책임성 문제는 국제 기준에서도 핵심 원칙으로 제시되고 있다(OECD, 2019; Arts Council England, 2025).

또한 디지털 격차는 무용 교육 현장에서도 뚜렷하다.

첨단 장비와 시스템은 일부 대학이나 기관에 집중되어 있어, 교육 환경 간의 불평등을 심화시킬 수 있다. AI가 도입되더라도, 인프라 · 예산 · 전문성의 차이로 인해 교육적 효과는 현저히 달라질 수 있다. 따라서 AI의 도입이 곧바로 혁신을 의미하지는 않는다. 현장의 제약과 환경적 불균형을 고려하지 않는 한, AI는 새로운 불평등을 재생산할 수 있다.

이러한 상황에서 교수자의 역할은 재정의되어야 한다. 교수자는 더 이상 단순한 지식 전달자가 아니라, 학습 경험을 설계하고 창의적 표현을 코칭하는 안내자가 되어야 한다. AI가 동작 교정과 데이터 분석을 담당한다면, 교수자는 학습자의 감수성과 예술적 해석 능력을 길러주는 데 집중해야 한다. 이를 위해 필요한 것은 AI 리터러시(AI literacy), 즉 AI의 원리를 이해하고 비판적으로 분석하며, 윤리적 맥락에서 활용할 수 있는 역량이다(정문성 · 이바름, 2023). AI 리터러시는 단순한 기술 활용 능력이 아니라, AI의 한계와 위험을 인식하고 예술적 맥락 속에서 성찰하는 인간적 감수성을 의미한다.

"AI는 무엇을 할 수 있는가"보다 "AI가 무엇을 해서는 안 되는가"가 더 중요하다. 무엇보다 중요한 것은 인간 중심의 AI 활용이다. AI는 동작 교정과 분석을 수행할 수 있지만, 감정 표현과 미적 판단은 인간의 몫이다. AI는 교육적 도구일 뿐이며, 주체는 언제나 인간이어야 한다. 무용 교육은 기술을 통제의 수단으로 삼지 않고, 예술적 감수성과 인간적 이해를 확장하는 도구로 사용할 때 비로소 그 쓸모를 갖는다.

AI는 새로운 지능적 존재로서 예술과 인간의 관계를 비추는 거울이다. 그 쓸모를 제대로 이해하기 위해서는 AI를 배우고 활용하는 동시에 그 한계와 윤리를 이해하며 교육적 맥락에서 적절히 해석 · 활용할 수 있는 AI 리터러시가 필요하다. 데이터를 어떻게 확보하고 가공하며, 무엇을 수집하고 어떤 기준으로 해석할 것인가에 대한 고민 자체가 교육의 일부가 되어야 한다. AI의 피드백은 정답이 아니라 성찰을 촉발하는 단서여야 하며, 학습자는 이를 자기 성찰과 창의적 탐구의 기회로 삼아야 한다. 이러한 관점에서 교수자와 학습자의 AI 리터러시 강화는 핵심 과제다.

결국 AI는 무용 교육의 혁신적 도구이자 예술과 교육의 본질을 다시 비추는 거울이다. 기술을 활용하는 과정에서 우리는 다시 묻는다. "무용 교육의 목적은 무엇인가?", "AI가 할 수 있는 것과 할 수 없는 것은 무엇인가?" 이 질문을 통해 무용 교육은 효율의 언어를 넘어 인간의 몸과 감각, 예술적 사유의 깊이를 회복해 간다.

AI와 함께 춤추다

AI는 무용 교육의 대체자가 아니라 조력자이자 증폭기다(Mollick, 2024). 기술의 발전은 인간의 창의성과 감수성을 약화시키지 않는다. 오히려 기계가 할 수 없는 인간의 능력을 더 빛나게 드러낸다. AI가 성장할수록 '인간다움'의 가치는 더욱 깊어진다.

무용 교육은 AI 시대에도 여전히 인간 중심 예술 교육의 최적 영역이다. 무용은 인간의 몸과 감정, 움직임을 통해 미적 감각-사고-행위의 균형적 발달을 실현하는 방법이다. AI는 이러한 과정을 대체할 수 없지만, 보완하고 확장할 수는 있다. 정밀한 동작 분석과 즉각적 피드백, 새로운 움직임의 조합, 가상공간에서의 학습 확장은 모두 기술이 인간의 표현과 감각을 돕는 방식이다. 그러나 무엇을 가르치고, 어떻게 의미를 만들어 낼 것인가에 대한 해석과 판단은 여전히 인간의 몫이다.

AI와 함께하는 무용 교육은 단순한 기술의 융합이 아니다. 그것은 인간의 감각과 지성, 예술적 판단을 확장하는 협력의 예술이다. AI는 데이터를 통해 패턴을 읽고, 인간은 그 패턴에 감정과 의미를 부여한다. 이 만남은 무용 교육을 새로운 차원으로 이끌며, 몸과 알고리즘, 예술과 기술이 함께 춤추는 장(場)을 연다. 이를 위해 데이터세트의 표준화와 품질 관리, 윤리 기준, 저작권 · 개인정보 보호 장치, 동의 · 보관 · 삭제 절차가 명확히 제도화되어야 한다.

그렇다고 해서 AI의 활용이 언제나 바람직한 것은 아니다. 데이터 편향, 윤리적 책임, 저작권 문제, 기술 접근의 불평등은 여전히 해결해야 할 과제다. 무용의 감각적 · 정서적 경험은 수치화되거나 코드화될 수 없는 영역이며, 이 지점이야말로 AI가 결코 넘을 수 없는 한계다. 따라서 AI를 무용 교육에 도입할 때는 효율성과 편의성이라는 명분에 머물지 않고, 인간 중심의 교육 철학과 예술적 감수성을 반드시 병행해야 한다.

AI의 발전은 무용 교육의 목표와 교수자의 역할에도 영향을 미친다. 누구나 AI로 안무할 수 있다면 무용수 · 안무가의 고유한 미감과 해석이 차별화의 핵심이 된다. 그렇다면 기술적 활용 능력과 함께 AI가 제안하는 움직임을 해석하고 구현하는 '나만의 미적 언어'를 찾는 것이 중요하다. 이에 따라 교수자는 동작을 전수하는 존재가 아니라, 학습자와 AI가 만나는 장면을 설계하고 조율하는 예술적 안내자가 되어야 한다. AI가 정확성과 효율성을 담당한다면, 교수자는 감수성과 창의성을 일깨우는 본질적 역할에 더욱 집중할 수 있다. 이처럼 AI는 예술적 · 교육적 감각을 되살리는 계기가 된다.

결국 AI와 함께 춤추는 일은 기술을 넘어 인간과 예술을 다시 배우는 일이다. AI는 우리에게 다시금 몸을 배우고, 존재를 묻고, 예술을 통해 인간다움을 회복하도록 이끈다. 기술과 감각, 효율과 예술, 인간과 기계의 균형 속에서 무용 교육은 새로운 시대의 '인간 중심 예술 교육'으로 진화하고 있다. AI와 인간이 함께 춤출 때, 무용 교육은 기술의 진보와 인간적 경험의 깊이를 조화시키며 예술과 교육의 새로운 미래를 향해 나아간다.

이 책과 함께 하는 질문의 여정

AI가 무용 교육에 가져온 변화는 단순한 기술 혁신이 아니라, "무용은 무엇을 가르치고 인간은 무엇을 배워야 하는가"라는 근본적인 질문으로 이어진다. 이 책은 바로 그 질문에서 출발했다. "AI 시대 무용 교육에서 교수자와 연구자는 무엇을 알아야 하는가?"라는 물음에 함께 고민하고 사유하기 위한 10개의 키워드로 구성되어 있다. AI와 무용 교육의 교차점에서 예술과 기술과 교육이 만나는 순간을 탐색하며, 무용이 인간의 미적 발달과 예술적 본질을 어떻게 지켜낼 수 있을지를 성찰한다.

1장은 무용 교육의 출발점이 되는 무용 데이터세트를 다루며, 무용의 움직임을 어떻게 기록 · 수집 · 활용할 것인지, 그리고 데이터 윤리 문제를 어떻게 고려해야 하는지를 묻는다. 2장은 AI 시대의 필수 역량인 AI 리터러시를 중심으로, 교수자와 학습자가 데이터를 단순한 숫자가 아니라 몸의 감각과 맥락으로 해석할 수 있는 역량을 어떻게 기를 것인가를 탐구한다. 3 · 4장은 AI를 통한 무용 교육과정의 변화와 수업 설계의 실제를 살펴보며, 무용 교육이 기술적 융합 속에서 어떻게 인간 중심성을 유지할 수 있는가를 모색한다. 5 · 6장은 교수 학습 방법과 맞춤형 피드백을 다루며, 데이터 기반 분석과 예술적 해석 사이의 균형, AI-교수자-학습자 간 상호작용의 변화를 논의한다. 7장은 무용 동작 평가의 정량화와 미학적 기준 사이의 긴장을 검토하며, 무용 교육의 평가 기준이 어떻게 새롭게 재구성되어야 하는가를 묻는다. 8 · 9장은 감각 경험과 윤리 문제를 통해 AI가 결코 대체할 수 없는 인간의 영역은 무엇이며, 예술 교육에서 공정성과 책임을 어떻게 확보할 수 있을지를 성찰한다. 10장은 인간 중심의 활용 전략을 제시하며, 무용 교육이 AI와의 공존 속에서 미래의 비전을 어떻게 설계할 것인가를 전망

한다.

결국 이 책은 다음과 같은 질문을 던진다.

"AI는 무용 교육을 어떻게 바꾸는가?"

"AI는 무엇을 대체하며, 결코 대체할 수 없는 것은 무엇인가?"

"무용 교육은 무엇을 지키며, 무엇을 새롭게 만들어야 하는가?"

AI가 무용 교육의 가능성을 넓히지만, 그 본질은 여전히 몸과 감각, 그리고 표현에 있다. 기술은 예술을 대체하는 것이 아니라 인간의 감각과 창의성을 확장하는 수단이다. 따라서 미래의 무용 교육은 수업 재구성을 넘어, 몸을 다시 배우고, 존재를 다시 묻는 교육, 즉 인간다움을 회복하는 예술 교육으로 나아가야 한다.

이 책은 그 여정의 출발점에서 이렇게 묻는다. "기술이 발전해도 인간의 몸은 여전히 예술의 중심에 있을 수 있는가?" 이 물음은 이 책을 관통하는 무용 교육의 철학이자, AI 시대 예술 교육이 나아가야 할 방향이다. AI와 무용 교육은 충돌이 아니라 상호 보완적 공존이다. 이 책은 그 공존의 예술적 · 교육적 · 윤리적 전략을 탐색하며, 무용 교수자와 연구자가 AI 시대의 교육을 다시 설계하고, 다시 질문하며, 함께 춤추도록 초대한다.

참고문헌

김경미(2022). "문화예술교육적 맥락에서의 무용교육을 통한 미적 발달 연구: 미학·교육학·심리학의 융합적 접근". 부산대학교 교육학과 박사학위논문.

김경미(2023). "무용교육에서의 인공지능 활용방안 탐색". 《문화예술교육연구》, 18(6), 215~238쪽.

백진주·박주초(2022). "예술과 기술의 만남, 인공지능의 현대무용 적용: 〈비욘드 블랙〉 창작의 주체와 매개를 중심으로". 《한국예술연구》, 38, 93~114쪽.

서재성(2022). "대학 무용교육에서 인공지능의 활용전략과 적용효과 분석 모델". 《한국스포츠학회》, 20(2), 125~133쪽.

신경아(2020). "무용창작을 위한 인공지능 기술 활용 동향". 《예술과 과학기술》, 16(4), 9~29쪽.

윤서진(2022). "무용교육에서의 메타버스 활용방안 연구". 《한국융합과학회지》, 11(11), 337~351쪽.

정문성·이바름(2023). "사회과 인공지능 리터러시 교육 방법에 대한 탐색적 연구". 《시민교육연구》, 55(2), 215~240쪽.

최종환(2022). "인공지능 딥러닝 알고리즘을 적용한 무용 동작 정량화 연구". 《한국무용학회지》, 22(1), 43~52쪽.

Arts Council England.(2025). *Responsible AI Practical Toolkit: Developing an AI Policy.* Arts Council England.

Miko, H. et al.(2025). Using AI-based feedback in dance education – a literature review. *Research in Dance Education*, pp.1~25.

Mollick, E.(2024). *Co-intelligence: Living and working with AI.* Portfolio/Penguin. 신동숙 옮김(2025). 《듀얼 브레인: AI 시대의 실용적 생존 가이드》. 상상스퀘어.

OECD(2019). *Recommendation of the Council on Artificial*

Intelligence. OECD Legal Instruments.
https://legalinstruments.oecd.org/en/instruments/OECD-LEGAL-0449

Wang, Z.(2024). Artificial intelligence in dance education: Using immersive technologies for teaching dance skills. *Technology in Society, 77*, 102579.
https://doi.org/10.1016/j.techsoc.2024.102579

Xu, L. J. et al.(2025). Effects of AI-assisted dance skills teaching, evaluation and visual feedback on dance students' learning performance, motivation and self-efficacy. *International Journal of Human-Computer Studies, 195*, 103410.

01
AI 기반 무용 교육을 위한 무용 데이터세트

춤을 데이터로 번역할 수 있을까?
AI 기반 무용 교육의 출발점은 신체와 움직임의 정보화, 즉 무용 데이터세트다. 동작, 감각, 맥락을 어떻게 수집하고 구성하느냐에 따라 AI가 이해하는 무용이 달라진다. 따라서 AI 기반 무용 교육의 핵심은 양질의 데이터세트를 확보하는 데 있으며, 이는 곧 AI가 미적이고 감성적인 움직임을 이해할 수 있는 토대가 된다.

기후 위기와 인공지능?

몸의 언어, 데이터로 번역하기

AI는 무용이라는 몸의 언어를 어떻게 이해하는가? 무용은 신체, 움직임, 감정에 기반하여 이루어지는 예술로서 섬세한 호흡과 리듬, 정교한 손끝의 떨림, 즉흥적 제스처와 같은 몸의 언어로 의미를 표현한다. 이러한 몸의 언어는 시간과 공간 속에서 의미를 생성하는 주관적이고 추상적인 표현이며, 인간의 몸이 표현의 주체이자 매체라는 특수성을 갖는다. 이로 인해 무용은 가장 인간적인 예술이면서 동시에 이해하기 어려운 예술이기도 하다(김경미, 2025). 이처럼 창의적이고 역동적이며 미적으로 구조화된 움직임을 AI는 어떻게 이해할 수 있을까?

AI가 무용을 이해하려면 움직임을 데이터로 전환하는 과정이 필요하다. 무용의 데이터화는 AI와 무용 교육을 연결하는 첫 번째 언어이자 새로운 가능성을 여는 출발점이다. 그러나 무용의 움직임은 인간의 신체, 감정, 리듬, 즉흥성 등 수치화하기 어려운 요소들이 얽혀 있어 이를 AI가 학습 가능한 데이터로 전환하는 데 본질적인 한계가 있다. 몸은 단순한 좌표가 아니라 세계와 만나고 의미를 생성하는 주체이며, 감각적 몰입과 정서적 교류는 데이터로 환원하기 어렵다. 따라서 무용 데이터세트의 수집과 활용은 예술적 본질을 지키는 균형이 필요하다.

무용은 시간의 흐름 속에서 생생하게 살아 움직이며 사라지는 예술이다. 기술의 발전은 무용을 기록하고 보전하는 방식을 발견해 왔고, 오늘날 AI는 '무용을 어떻게 남길 것인가'를 근본부터 다시 묻는다. 우리가 무엇을, 어떤 기준으로 기록하느냐가 곧 'AI가 무엇을 무용으로 배우는가'를 결정한다. 이 전환에서 무용 데이터세트는 기술과 예술의 경계에서 새로운 기록의 언어를 만들어 가는 핵심 매개체다.

최근 AI 기술은 인간의 움직임을 정밀하게 포착하고 좌표, 벡터, 프레임 단위로 수치화하는 시도를 이어가고 있다. 웨어러블 센서 기술은 가속도 센서와 자이로 센서(gyroscope sensor: 회전 운동을 감지하는 센서)를 활용해 무용 동작을 정밀하게 기록하며, 딥러닝 기반 자세 추정 기술 OpenPose는 2D 영상에서 관절 포인트를 추출해 동작 간 유사성을 수학적으로 측정할 수 있게 했다(이종욱, 2019; 최종환, 2022). 이러한 시도는 안무 저작권 보호나 학습 자료 구축에도 기여할 수 있다.

AI가 학습자의 동작을 수치로 기록하면 교수자는 객관적 분석과 구체적 피드백을 제공할 수 있고, 학습자는 자기 점검 능력을 기를 수 있다. 이러한 AI 기술은 무용 교육의 효율성을 높이고 맞춤형 학습을 가능하게 한다

(Xu et al., 2025). 그러나 AI가 감각적 뉘앙스나 즉흥성과 같은 무용의 본질을 완전히 포착하기는 어렵다. 따라서 교육 현장은 정확성과 예술성을 함께 평가하고, 맞춤형 피드백과 윤리적 기준을 포함한 균형 있는 활용 체계를 마련해야 한다.

무용 데이터세트란

무용 데이터세트(dance dataset)는 무용의 움직임을 AI가 이해할 수 있도록 디지털화하여 축적한 데이터의 집합이다. 이는 신체가 예술로 조직되는 방식, 의미와 미감이 흐르는 방향성, 무용이 발생하는 시간과 공간을 기억하는 기술적 언어다. 여기에는 관절 좌표와 속도 같은 물리적 수치뿐 아니라, 시간적 · 공간적 맥락, 미적 스타일, 정서적 표현, 장르 해석과 같은 정성적 정보도 포함된다.

무용 데이터세트는 세 가지 층위로 설명할 수 있다.

첫째, 정량적 데이터는 신체 움직임을 수치화한 정보이며, 3D 모션 캡처(motion capture) 기술을 통해 관절 좌표, 속도, 각도, 무게 중심 등의 데이터를 수집한다. 이러한 정보는 동작 패턴 분석, 오류 탐지, 피드백 제공에 핵심적이다.

둘째, 정성적 메타데이터(metadata)는 장르, 동작의 감정, 안무가의 의도, 문화적 맥락 등 무용이 지닌 의미와 해석 정보를 포함한다. AI가 움직임을 재현하는 수준을 넘어 예술적 맥락을 이해하고 감정 기반 표현을 학습하는 데 메타데이터가 필수적이다.

셋째, 멀티모달(multimodal) 구조는 하나의 동작에 대해 영상, 오디오, 설명 텍스트, 센서 정보 등을 병렬적으로 연결하는 방식이다. 이는 AI가 무용의 시각적 패턴, 청각적 리듬, 내면 감정 등을 총체적으로 파악할 수 있게 하며, 몰입형 학습 환경과 감정 기반 피드백 구현에도 효과적이다.

따라서 무용 데이터세트는 단순한 동작 목록이 아니라 예술적 움직임을 기억하고 해석하는 새로운 언어 체계이자 아카이빙 장치다. 과거에는 필름과 안무 노트로 기록되던 무용은 이제 정량 · 정성 · 멀티모달 데이터의 집합으로 보존될 수 있으며, 이는 무용 교육의 패러다임에도 직접적인 영향을 미친다.

현재 무용 데이터세트에 대한 다양한 시도가 이루어지고 있다. 'CMU Motion Capture Database, AIST++, FineDance' 등은 정밀한 3D 동작 데이터를 제공하고, 'MADS dataset'은 다분야의 데이터를 포함했으나 비전문가가 수행한 동작이라는 한계로 인해 예술적 정밀성이 부족하다는 지적을 받았다. 반면 '인도 고전 무용 데이터세트'는 CNN 기반 동작 분류에서 높은 정확도(93.33%)를 보이며 전통 무용의 가능성을 보여주었고, 국내 AI-Hub의 '다양한 장르의 춤사위 동작 데이터'는 12명의 무용 전문가가 참여해 12개 장르, 1806시간 규모의 대규모 데이터를 구축했다(한국지능정보사회진흥원, 2022). 그러나 여전히 무용 데이터세트는 초기 단계에 머물러 있으며, 특히 전통 무용과 지역 기반 콘텐츠의 표준화와 아카이빙이 시급하다(Ni & Park, 2025).

무용 데이터세트의 특수성

무용은 몸을 통해 전승되어온 예술이기에 언어화된 기록 체계가 부족하다. 음악이 악보와 음원으로, 미술이 이미지와 도록으로 기록되는 것과 달리 무용은 순간적 현존성과 즉흥성을 특징으로 하므로 체계적 기록이 어렵다. 이로 인해 데이터세트 구축은 다른 예술 장르보다 훨씬 큰 제약에 직면한다.

또한 같은 동작이라도 신체 조건, 의도, 감정, 맥락, 상대의 반응에 따라 의미가 달라진다. 교육 현장에서는 같은 안무를 가르쳐도 학습자의 감정과 해석에 따라 표현이 다르게 나타난다. 이는 무용이 본질적으로 상황적이고 관계적인 예술임을 보여준다.

무용의 정량화에도 본질적인 한계가 있다. 무용은 무엇보다 '몸'을 매체로 하는 예술이며 그 몸은 항상 '지금-여기'의 시공간 속에서 살아 움직인다. 센서나 카메라는 관절 좌표, 속도, 각도 같은 물리적 정보는 포착할 수 있지만, 발끝의 떨림에서 느껴지는 긴장감이나 호흡의 미묘한 흐름, 즉흥적인 정서의 전환은 데이터로 온전히 환원되지 않는다. 이러한 요소들은 무용의 미학을 형성하는 핵심이자 교육에서 학습자들이 경험해야 할 가장 중요한 차원이다.

따라서 무용 데이터세트는 수치화된 정량적 데이터로는 충분하지 않으며, 정성적이고 해석 중심의 정보가 반드시 병행되어야 한다. 그래야 AI는 단순 모방을 넘어 의미 기반 학습과 새로운 움직임 생성으로 발전할 수 있다. 더불어 무용 동작은 창작자의 정체성과 철학이 반영된 예술적 산물이므로 데이터로서의 효율성만을 추구하기보다 예술적 맥락과 인간의 주체성을 보존하는 윤리적 구축이 필요하다. 무엇을 기록하고 무엇을 생략할지, 감정과 의도를 어떤 언어로 주석화할지에 관한 선택은 기술이 아니라 인간의 해석 행위이며, 이 선택이 곧 데이터세트의 미학을 형성한다.

무용 데이터세트 구축 전략

무용이라는 몸의 언어는 어떻게 데이터가 되는가? 무용 데이터세트 구축은 움직임의 기록만이 아니라 인간의 감각적 움직임과 그 의미를 AI가 이해할 수 있도록 구조화하고 해석 가능하게 만드는 과정이다. 이는 신체 데이터를 정확하게 포착하는 기술적 방법과 함께, 그 움직임에 담긴 미적 맥락과 감정적 의미를 해설하는 전략이 필요하다. 즉, 기술적 정밀성과 더불어 예술성과 주체성을 동시에 고려해야 한다.

데이터 수집 방식: 기술과 감각의 조율

무용 데이터 수집에서 가장 널리 활용되는 방식은 모션 캡처(motion capture) 기술이다. 이는 신체에 센서를 부착하거나 카메라 기반의 영상 인식 시스템을 통해 3차원 관절 좌표 데이터를 수집하는 방식이다. 모션 캡처는 정확한 동작의 경로, 속도, 각도, 궤적 등을 정밀하게 분석할 수 있다는 점에서 유용하지만 무용의 리듬 · 감정 · 의미 구조까지 온전히 담기에는 한계가 있다.

이를 보완하기 위해 영상-해설 병렬 구조가 주목받고 있다. 동작 영상과 함께 안무가 · 교수자의 설명, 감정 상태, 미적 의도를 기록하면 데이터의 해석 가능성이 높아지고 의미 기반 학습이 가능해진다. 또한 일부 연구에서는 '참조 안무(reference choreography)'와 '해설 메타데이터'를 분리하여 수집하는 방식을 통해 다양한 의미와 상호작용 가능성을 AI가 학습하도록 돕고 있다(Chen et al., 2023).

맥락 기반의 병렬 구축: 정성+정량의 통합

무용은 감정, 시간, 공간의 상호작용이 얽힌 예술로 같은 동작이라도 장르, 음악, 수행자, 수행 맥락에 따라 의미와 목적이 달라진다. 따라서 데이터 수집에서 정량적 측정과 정성적 설명이 병렬적으로 구축되어야 하며, 동작 자체뿐 아니라 언제, 누구에 의해, 어떤 음악과 맥락 속에서 수행되었는지를 함께 담아야 한다.

학습자는 이를 통해 단순 모방에 그치지 않고 동작이 지닌 미적 구조와 감정적 맥락을 이해하고 해석하는 경험을 확장할 수 있고, AI도 단순 동작 생성에서 의미 기반 안무 제안으로 발전할 수 있다.

데이터 표준화와 라벨링: 기술과 해석의 접점

무용 데이터세트가 실제로 AI 학습에 효과적으로 활용되려면 데이터가 표준화된 방식으로 구조화되어야 한다.

이를 위해서는 동작의 유형, 강도, 방향, 지속 시간, 감정, 장르 등 다양한 요소를 일정한 라벨링(labeling: 데이터에 의미를 부여하는 과정) 체계로 구조화해야 한다. 이를 통해 데이터의 검색성과 분석 가능성을 높일 수 있다.

전통적 방법인 라바노테이션(Labanotation)은 인간의 움직임을 기호로 기록하는 무용 기보법으로, AI 기반 라벨링 표준의 설계 근거가 된다. 최근에는 모션 캡처 데이터를 바탕으로 무용 동작을 라바노테이션 기호로 자동 변환하려는 연구가 시도되고 있으며, 이는 '동작과 기호의 일치'를 체계적으로 설계할 수 있는 실증적 근거를 제공한다(Li et al., 2023).

유네스코(UNESCO, 2021)의 〈AI와 교육에 관한 지침(AI and Education: Guidance for Policy-makers)〉은 교육에서 AI가 의존하는 데이터의 질과 대표성을 강조한다. 무용 데이터세트도 대표성 있고 정확성을 갖춘 고품질의 다양한 데이터로 구성되어야 한다. 이를 위해서는 연령 · 수준 · 장르별 다양한 표본 확보, 교수자 · 연구자 · 기술자의 협업, 실시간 피드백 구조, 저비용 · 고접근성 기술 활용이 요구된다(이종욱, 2019; Xu et al., 2025). 따라서 무용 데이터세트 구축은 '정확성 · 대표성 · 해석성 · 윤리성'의 네 축을 동시에 고려해야 하며, 기술적 효율보다 "무엇을 남기고 어떻게 전할 것인가"라는 교육적 · 예술적 질문 위에서 추진되어야 한다.

AI가 직면하는 무용 데이터세트의 딜레마는 여전히 진행형이다. 데이터 수집의 한계(소량 · 고비용), 장르적 편향과 신체 다양성의 결여, 창작 주체성 및 저작권 문제는 지속적으로 제기된다. 특히 특정 안무가의 데이터로 학습된 결과물의 저작권과 예술적 주체성은 단순한 기술 효율의 문제가 아니라 예술 철학적 논의를 요구하는 핵심 과제다. 개인정보 보호, 동의 절차의 투명성, 2차 활용 범위의 명확화 역시 필수 조건이다. 결국 무용 데이터세트는 '무용을 어떻게 이해하고 해석하게 할 것인가'를 설계하는 일이며, 이는 AI와 인간, 수치와 의미의 균형 속에서 추진되어야 한다.

무용 데이터세트는 단순한 정보 축적이 아니라 예술의 언어를 기술로 번역하는 작업이다. 앞으로 무용 데이터세트는 기술적 정확성과 더불어 예술성과 윤리성을 함께 반영하고, 개인정보 보호 · 저작권 · 편향 방지와 같은 윤리적 원칙을 충실히 담아내야 하며, AI와 인간, 기술과 예술, 수치와 의미 사이의 균형 속에서 구축되어야 한다.

참고문헌

김경미(2025). "무용은 어떻게 이해될 수 있는가?: 연행성의 미학에 기반한 무용교육에의 시사점". 《문화예술교육연구》, 20(2), 99~118쪽.

이종욱(2019). "무용 동작 기록을 위한 웨어러블 디바이스". 《디지털콘텐츠학회논문지》, 20(9), 1893~1898쪽.

최종환(2022). "인공지능 딥러닝 알고리즘을 적용한 무용 동작 정량화 연구". 《한국무용학회지》, 22(1), 43~52쪽.

한국지능정보사회진흥원(2022). "다양한 장르의 춤사위 동작 데이터" [데이터파일]. AI-Hub. https://www.aihub.or.kr/aihubdata/data/view.do?dataSetSn=604

Chen, B. et al.(2023). Analysis of Labanotation generation based on motion capture data. *Proceedings of SPIE 12803,* 1280310.

Li, M. et al.(2023). LabanFormer: Multi-scale graph attention network and transformer with gated recurrent positional encoding for labanotation generation. *Neurocomputing, 539,* 126203.

Ni, Z. & Park, J. K.(2025). Ethnic dance movement instruction guided by artificial intelligence and 3D convolutional neural networks. *Scientific Reports, 15,* 16856.

UNESCO(2021). *AI and education: Guidance for policy-makers.* UNESCO Publishing. https://unesdoc.unesco.org/ark:/48223/pf0000376709

Xu, L. J. et al.(2025). Effects of AI-assisted dance skills teaching, evaluation and visual feedback on dance students' learning performance, motivation and self-efficacy. *International Journal of Human-Computer Studies, 195,* 103410.

02
AI와의 협업을 위한 AI 리터러시

우리는 AI와 함께 춤출 준비가 되어 있는가? 생성형 AI는 무용수의 움직임을 인식하고 분석하며 창작까지 제안하는 협업자로 등장했다. 이제 무용의 특수성을 고려하여 AI를 비판적으로 이해하고 활용할 수 있는 감수성, 즉 AI 리터러시는 새로운 필수 역량이다. 이는 하이터치 하이테크(High- touch, High-tech)의 균형 속에서 무용 교육의 새로운 가능성을 여는 기반이 된다.

노래하는 AI 보컬?

교수자 역량의 재정의

AI는 무용 교육 현장에 새로운 가능성과 불안을 동시에 가져왔다. 학습자 맞춤형 피드백, 창작 지원, 몰입 경험 확대라는 기회를 제공하는 한편, 데이터 편향 · 기술 의존 · 교육 주체성 약화라는 위험을 내포한다. 이 갈림길에서 교수자가 AI를 어떻게 활용하는가가 교육의 성패를 좌우한다.

AI 시대의 교수자는 단순한 지식 전달자가 아니라 해석자이자 설계자다. 해석자로서 교수자는 AI가 제공하는 분석 결과를 학습자의 감각적 · 정서적 경험으로 확장해야 한다. 설계자로서 교수자는 AI 자료를 활용해 학습자가 창의적 경험을 확장할 수 있도록 학습 환경을 조직해야 한다(김경미, 2023).

대학 무용 전공자를 대상으로 한 〈AI 하이브리드 무용 창작〉 교과목은 교수자가 AI의 원리와 응용을 단계적으로 이해해야 학습자를 효과적으로 지도할 수 있음을 보여준다(윤서진, 2022). 이는 교수자가 단순히 기술을 사용하는 수준을 넘어 학문적 맥락에서 AI를 비판적으로 읽어내는 능력이 필요함을 시사한다.

이러한 맥락에서 무용 교육자의 AI 리터러시(AI Literacy: 인공지능 이해 · 분석 · 활용 · 윤리 역량)는 세 가지 특수성을 지닌다. 첫째, '신체성 해석 능력'으로 AI가 제시하는 데이터를 학습자의 신체와 감각 경험으로 번역하는 역량, 둘째, '감각적 설계 역량'으로 데이터를 몰입 경험으로 전환하는 교수 설계 능력, 셋째, '예술적 주체성'으로 AI의 제안을 그대로 수용하지 않고 비판적으로 재구성할 수 있는 미적 판단력이 요구된다.

따라서 교수자는 AI의 수치적 정확성을 존중하되, 무용의 본질인 신체성과 감각 경험을 함께 고려하는 균형적 태도를 가져야 한다. AI를 무조건적으로 받아들이기보다 비판적 거리감을 유지하며 활용하는 역량이 필요하다.

AI 리터러시의 핵심 요소

AI 리터러시는 단순한 기술 활용 능력이 아니라, AI의 작동 원리와 데이터 기반을 이해하고 결과를 해석하며 교육적 맥락 속에서 재구성하는 종합적 소양이다. Long & Magerko(2020)가 제시한 AI 리터러시는 이해, 분석, 활용, 윤리의 네 가지 핵심 요소로 정리할 수 있으며, 이는 무용 교육의 맥락에도 적용될 수 있다.

첫째, 이해(Understanding)는 AI의 기본 원리와 알고리즘 구조를 이해하는 것이다. 이를 통해 교육 현장에 필요한 기술을 적절히 적용할 수 있다.

둘째, 분석(Analysis)은 AI가 제시한 결과를 맹목적으로 수용하지 않고, 데이터의 출처와 편향을 점검하며 학습자의 신체 경험과 연결하는 능력이다. 특정 장르나 체형에 편중된 데이터세트는 다른 학습자에게 부정확할 수 있다(Ni & Park, 2025).

셋째, 활용(Use)은 수업 설계, 창작 지원, 평가와 피드백 등에서 AI를 적용하는 능력이다. 이는 효율성을 높이는 차원을 넘어 학습자의 예술적 창의성을 확장하는 방향이어야 한다.

넷째, 윤리(Ethics)는 데이터 권리 보호와 책임을 의미한다. 무용 데이터세트에는 학습자의 신체 정보와 창작 표현이 포함되므로 개인정보 보호 · 저작권 · 창작 주체성 보존 · 알고리즘 편향 등 교육적 · 사회적 책임이 요구된다(Miko et al., 2025). 이를 위해 동의 절차의 표준화, 라벨링 기준 명시, 편향 점검 · 교차 검증, 2차 이용 범위 고지 등이 병행되어야 한다.

무용 교육의 특수성을 고려할 때, AI 리터러시는 신체와 감각, 정서적 교류를 번역하고 해석하는 능력이다. 교수자는 AI 산출물을 학습자의 신체와 경험의 맥락으로 전환할 수 있어야 하며, 이는 기계를 다루는 '손'과 기술을 비판적으로 읽어내는 '눈'을 동시에 길러주는 예술적 문해력이라 할 수 있다.

이러한 관점은 〈AI 하이브리드 무용 창작〉 교과목에서도 확인된다. 이 교과목은 인공지능 이해-응용-창작-융합의 네 단계로 설계되어, 무용 전공자가 기술적 이해에서 창의적 실험으로 확장할 수 있도록 구성되었다(윤서진, 2022). 이는 AI 리터러시가 기능 습득을 넘어 교육적 설계와 창의성 확장으로 연결될 수 있음을 보여준다.

또한 유네스코(2021)는 AI 리터러시를 기술적 기능에 국한하지 않고 사회·문화적 맥락과 윤리적 성찰을 포함하는 확장된 개념으로 이해해야 한다고 강조한다. 이는 무용 교육 현장에서 AI가 제시하는 결과를 맹목적으로 수용하기보다 문화적 다양성과 예술적 주체성을 고려하여 재해석하는 능력을 의미한다.

따라서 AI 리터러시는 기술적·윤리적 차원을 넘어 문화적 감수성까지 포함하는 확장된 개념으로 이해되어야 한다.

세대를 잇는 협력

AI 리터러시는 교수자만의 과제가 아니다. 학습자 역시 AI와 함께 성장하며 새로운 디지털 역량을 길러야 한다.

전통적으로 무용 교육은 신체성과 감각 중심으로 이루어졌지만, 이제 AI 분석과 창작 실험이 학습 경험에 포함되고 있다.

이러한 환경에서 교수자는 학습자와 AI를 매개하는 협력적 설계자로서의 역할을 수행한다. 교수자는 일방적인 지식 전달자가 아니라 학습자와 함께 탐구하며 새로운 지식을 공동으로 창출하는 협력자로서 접근해야 한다. 학습자가 AI 분석 결과를 스스로 해석하고 교정하는 과정은 자기 주도 학습과 창의적 표현을 촉진한다(Xu et al., 2025).

웨인 맥그리거(Wayne McGregor)의 〈리빙 아카이브(Living Archive)〉 프로젝트는 Google Arts & Culture Lab과 협업하여 25년간 축적된 무용 영상을 학습하고, AI 기반으로 새로운 동작을 제안하는 협업 모델을 보여주었다(Google Arts & Culture, 2019). 또한 〈2023 LG아트클래스(LG Art Class)〉 프로그램은 학습자의 움직임을 모션 센서로 실시간 분석하고 감정 키워드와 연동된 피드백을 제공하여 몰입도를 높였다(문영 · 서희영, 2024). 이러한 사례는 기술 자체보다 교수자의 학습 경험 설계와 감성적 조율 능력이 중요함을 시사한다.

또한 학습자가 단순히 지식 습득에 머무르지 않고 AI

와 협력하여 창작을 수행할 때 교육 효과가 크게 높아졌다(윤서진, 2022). 교수자와 학습자가 함께 AI를 탐구하는 과정은 무용 교육을 보다 역동적이고 참여적인 학습 환경으로 변화시킨다. 동시에 이는 세대 간 디지털 격차를 줄이는 역할도 한다. 젊은 학습자는 디지털 기술에 능숙하지만 예술적 맥락에서 경험이 부족하고, 기성 교수자는 예술적 경험이 풍부하지만 기술에 익숙하지 않을 수 있다. 따라서 협력적 탐구는 세대 간 경험을 이어가며 상호 학습의 장으로 발전할 수 있다.

하이터치·하이테크의 균형

AI 리터러시의 궁극적 의미는 기술과 인간적 감수성의 균형을 찾는 데 있다. '하이터치 하이테크(High-touch, High-tech)'는 기술 사회일수록 인간적 접촉과 감성이 더욱 필요하다는 철학이다(Naisbitt et al., 1999). 무용 교육에서 이는 특히 중요한 원칙이다.

AI가 동작 분석과 반복적 피드백을 제공할 수 있지만, 교육의 본질은 여전히 인간적 만남과 감각적 교류에 있다. 하이터치 하이테크의 균형은 두 차원에서 설명된다. 첫째, 기술과 감성의 상호 보완이다. AI는 정밀한 분석을 제공하지만, 예술적 감성과 정서적 몰입은 교수자와 학습자의 만남 속에서만 가능하다. 둘째, 효율성과 본질의 균형이다. AI가 학습 속도를 높일 수 있으나 무용 교육의 본질은 신체와 감각을 통한 의미 생성에 있다.

AI 활용 무용 창작 수업은 기술과 무용의 융합을 통해 새로운 가치를 창출하고, 교수자와 학습자 간 감성적 상호작용을 촉진하는 효과를 보여주었다(윤서진, 2022). 이는 기술과 인간적 접촉의 균형을 강조하는 하이터치 하이테크의 철학이 실제 교육과정 속에서 구현될 수 있음을 보여준다.

결국 하이터치 하이테크의 균형은 AI와 인간의 관계를 어떻게 설정할 것인가라는 교육 철학의 문제와 맞닿아 있다. AI는 효율성과 정밀성을 제공하지만, 인간은 감각과 정서를 통해 의미를 창조한다. 따라서 AI 리터러시는 단순한 기술 사용 능력이 아니라 질문하고 해석하며 재구성하는 창의적 감수성으로 이해되어야 한다.

무용 교육에서 AI 리터러시의 핵심은 '사용법'이 아니라 '관계 맺기'다. 중요한 것은 "기술을 어떻게 사용할 것인가"가 아니라 "기술과 함께 어떻게 춤출 것인가"다. 이는 AI 시대에도 무용이 인간 중심의 예술로 남기 위한 핵심 조건이다. AI는 효율을 더하고, 인간은 의미를 만든다.

참고문헌

김경미(2023). "무용교육에서의 인공지능 활용방안 탐색". 《문화예술교육연구》, 18(6), 215~238쪽.

문영·서희영(2024). "예술교육 몰입강화를 위한 인공지능 무용교육프로그램 개발 및 적용: 2023 LG아트클래스를 중심으로". 《대한무용학회 논문집》, 82(1), 359~371쪽.

백진주·박주초(2022). "예술과 기술의 만남, 인공지능의 현대무용 적용: 〈비욘드 블랙〉 창작의 주체와 매개를 중심으로". 《한국예술연구》, 38, 93~114쪽.

윤서진(2022). "대학 무용전공자를 위한 AI(인공지능) 융합 교과목 개발". 《한국융합과학회지》, 11(9), 229~239쪽.

Google Arts & Culture(2019). *Living Archive: An AI Performance Experiment.* https://artsandculture.google.com/story/living-archive-creating-choreography-with-artificial-intelligence-studio-wayne-mcgregor/1AUBpanMqZxTiQ

Long, D., & Magerko, B.(2020). What is AI literacy? Competencies and design considerations. *Proceedings of the 2020 CHI Conference on Human Factors in Computing Systems, 598,* 1-16.

Miko, H. et al.(2025). Using AI-based feedback in dance education - a literature review. *Research in Dance Education*, pp.1~25.

Naisbitt, J. et al.(1999). *High tech, high touch: Technology and our search for meaning.* Broadway Books. 안진환 옮김(2000). 《하이테크 하이터치》. 한국경제신문.

Ni, Z. & Park, J. K.(2025). Ethnic dance movement instruction guided by artificial intelligence and 3D convolutional neural networks. *Scientific Reports, 15*, 16856.

UNESCO(2021). *AI and education: Guidance for policy-makers.* UNESCO Publishing. https://unesdoc.unesco.org/ark:/48223/pf0000376709

Xu, L. J. et al.(2025). Effects of AI-assisted dance skills teaching, evaluation and visual feedback on dance students' learning performance, motivation and self-efficacy. *International Journal of Human-Computer Studies, 195*, 103410.

03
AI 기반 무용 교육과정의 변화

AI 시대, 무용 교육과정은 어떻게 재구성해야 하는가? 이제 학습자들은 우리가 배우지 않았던 방식으로 배우고 있다. AI는 교육의 목표 · 내용 · 방법 · 평가 전반을 새롭게 배열한다. 중요한 것은 무엇을 바꾸고 무엇을 지켜야 하는가를 분명히 하는 일이다. 이 장은 AI 시대 무용 교육과정의 혁신과 전환을 살펴보고, 여전히 지켜야 할 무용 교육의 본질을 짚으며, 이를 토대로 실행 방향을 모색한다.

인공지능과 편향?

교육과정, AI와 만나다

AI 시대, 무용 교육과정은 더 이상 과거의 틀 안에 머물 수 없다. 교육부(2023)의 〈디지털 기반 교육혁신 방안〉은 맞춤형 학습, 창의성, 비판적 사고력, 융합 역량을 미래 교육의 핵심 목표로 제시하며, 디지털 전환이 교육과정 전반에 미치는 영향을 강조한다. AI는 교육의 목표·내용·방법·평가를 재배열하고, 학습자들은 디지털 환경에서 성장하며 이미 AI와 상호작용하는 방식으로 배우고 있다. 따라서 교육과정은 단순히 수업 현장의 변화를 수용하는 수준을 넘어, 학습자에게 요구되는 새로운 역량을 반영하는 틀로 전환되어야 한다.

이는 무용 교육에도 그대로 적용된다. 무용 교육에서 AI 도입은 단순한 도구 활용이 아니라 사회적 변화와 예술 생태계 속에서 교육과정이 어떤 목표와 방향을 지향해야 하는지 묻는 계기가 된다. 김경미(2023)는 무용 교육에서 AI 활용이 단순한 기법 적용을 넘어 목표·내용·방법·평가 전반의 재검토를 필요로 한다고 지적한다. 이는 교육과정이 근본적으로 재구성되어야 함을 시사한다.

국제적으로도 유네스코(2023)는 AI가 학습자의 탐구·창작·비판적 사고를 증진하는 방향으로 교육과정에 통합되어야 한다고 강조한다. 또한 한국교육학술정보원(KERIS, 2023)은 AI 활용 교육과정이 '교수자-학습자-기술'의 삼각 구도를 형성하며 학습자 주도성을 강화한다고 분석했다.

무용 교육과정은 AI라는 새로운 조건을 만나면서 전반적인 재구성을 요구받고 있다. 학습자의 신체 데이터를 실시간 분석해 개별 학습 경로에 반영하는 방식은 기존의 획일적 수업 구조를 전환한다. 또 AI 기반 피드백 시스템은 평가를 정량화 · 표준화할 수 있지만 창의성과 개별성을 약화시킬 위험도 있다. 따라서 AI를 활용한 교육과정은 기술의 효율성을 강조하기보다, 교육이 지향해야 할 가치와 본질을 다시 묻는 기회가 되어야 한다.

유네스코(2021)는 AI가 교육 혁신의 촉매이지만 동시에 인간 중심의 가치와 철학이 반드시 전제되어야 함을 강조한다. 목표 차원에서는 전통적 '기술 숙련' 중심에서 벗어나, 창의성 · 비판적 사고 · 디지털 리터러시 · 윤리적 책임과 같은 미래 핵심 역량을 앞세우는 전환이 필요하다(UNESCO, 2021; UNESCO, 2023; 한국교육학술정보원, 2023). 이는 무용 교육과정이 '동작을 잘 수행하는 법'에서 'AI와 협업해 새로운 의미를 창출하는 법'으로 전환하는 실천 지침이 된다.

결국 AI는 단순한 보조 기술을 넘어, 무용 교육과정 혁신을 촉발하는 동력이다. 무용 교육과정은 AI와의 만남을 통해 새로운 방향을 모색해야 하며, 이는 향후 무용 교육이 나아갈 길을 제시하는 출발점이 될 것이다.

무엇을 지킬 것인가

AI는 교육과정을 혁신할 수 있는 강력한 잠재력을 지녔다. 그러나 모든 변화가 바람직한 것은 아니다. 무엇을 바꾸고 무엇을 지켜야 하는가에 관한 질문이 우선되어야 한다.

무용 교육의 본질은 신체성 · 주체성 · 문화성의 세 차원에서 드러난다.

첫째, '신체성과 감각 경험'이다. 무용은 몸의 즉흥성, 감각의 리듬, 정서적 교류를 통해 성립한다. AI는 관절 좌표나 속도를 수치화할 수 있지만, 학습자가 무대 위에서 느끼는 긴장감과 몰입은 기계가 대체할 수 없다. 따라서 교육과정은 신체적 경험과 감각적 몰입을 중심에 두어야 한다.

둘째, '예술적 주체성'이다. AI는 안무 아이디어를 제시할 수 있으나, 작품의 의미를 완성하는 것은 인간이다. 〈비욘드 블랙(Beyond Black)〉(2020) 프로젝트는 인간 무용수와 AI의 협업 사례였지만, 관객에게 감동을 준 것은 무용수의 선택과 해석이었다(백진주 · 박주초, 2022).

셋째, '문화적 맥락'이다. 무용은 특정한 문화 전통과 공동체 속에서 발생한다. 따라서 AI 데이터세트가 특정 장르나 문화권 중심으로 편향된다면 교육의 다양성과 공정성은 훼손될 수 있다. 그러므로 교육과정은 AI 활용 시 문화적 다양성과 전통을 존중해야 하며, 전통 무용 아카이빙 · 다문화적 데이터세트 구축이 시급하다.

문화재청(2022)은 전통 무용 아카이빙 과정에서 AI가 동작 어휘의 정밀 기록과 분석에는 기여할 수 있지만, 현장의 맥락적 경험과 신체를 통한 학습은 대체할 수 없음을 분명히 한다. 핵심은 '무용의 맥락과 의미를 몸으로 전승하는 과정'에 있다. 더불어 창작 수업에서는 AI 기반 안무 제안이 새로운 아이디어를 자극할 수 있으나, 최종 해석과 예술적 표현은 학습자와 교수자의 몫으로 남겨야 한다는 점이 강조된다.

AI의 도입은 효율성이라는 이름으로 무용의 본질을 위협할 수 있다. 자동화된 동작 교정이나 정량적 평가 방식은 학습자에게 빠른 개선을 제공하지만, 예술적 다양성과 감각적 몰입을 축소시킬 위험을 안고 있다. 따라서 교육과정 개편에서 가장 중요한 질문은 "무엇을 바꾸고 무엇을 지켜야 하는가"다.

이와 함께 AI의 역할과 한계를 명확히 설정하는 기준이 필요하다. 유럽연합(European Union, 2024)은 교육용 AI를 고위험군으로 분류하며, 인간 감독과 데이터 관리 원칙을 명확히 규정한다. 유네스코(2021) 역시 AI가 혁신의 촉매임을 인정하면서도 인간 중심적 가치와 교육 철학이 반드시 전제되어야 한다고 강조한다. 이는 기술적 활용보다 교육적 · 윤리적 책임이 우선되어야 한다는 국제적 합의다.

결국 무용 교육과정의 변화는 AI 도입 자체보다 인간의 몸과 예술적 본질을 어떻게 지켜낼 것인가라는 질문에 답하는 과정이다. 무용 교육은 데이터와 알고리즘을 수용하되, 감각 · 정서 · 미적 경험을 중심에 두어야 한다. 이때 AI는 교육의 본질을 해치지 않고, 오히려 그것을 비추는 거울로 기능할 수 있다.

경계를 넘는 융합형 교육과정 설계

AI 시대 무용 교육과정의 또 다른 특징은 학문과 영역의 경계를 넘어 융합하는 데 있다. AI는 무용 교육을 다른 학문 · 예술 · 기술과 연결하는 매개체로 작동한다. 전통적으로 무용은 음악 · 연극 · 미디어와 함께 발전해 왔는 데, 여기에 AI가 결합하면서 융합의 폭이 더욱 넓어졌다. 동작 분석, 안무 생성, 온라인 학습 플랫폼, 모션 캡처 기술은 과학 기술 · 인문 사회 · 예술이 교차하는 환경을 열어간다.

융합형 교육과정은 단순한 교과 나열이 아니라 목표 · 경험 · 평가를 한 틀 안에서 조직하는 과정이다. 예를 들어, 〈움직임 코딩〉 수업은 무용 동작과 프로그래밍 개념을 연결하여 신체적 경험과 논리적 사고를 동시에 확장한다(윤서진, 2022). 또한 무용 데이터세트를 활용하여 학습자가 자신의 움직임을 기록 · 분석하고 창작에 활용하는 방식은 학습자의 창의성 · 협업 · 비판적 사고를 강화한다.

가상공간을 활용한 학습도 주목된다. VR 기반 무용 학습은 학습자가 가상 무대에서 다양한 안무를 체험하게 하고, 전통 무용 보존에도 기여한다(문화재청, 2022). 대학 차원의 메타버스 · AI 연계 교양 교과는 공연 예술 탐구와 공동 창작을 제도화하며, 무용 교육과정이 예술-기술-인문 간의 연결축으로 확장될 수 있음을 보여준다(한국교육학술정보원, 2023).

결국 AI는 무용 교육을 순수 예술 훈련에서 벗어나 융합 교육으로 전환시키는 핵심 매개체다. 그러나 기술의 도입이 곧 예술의 본질을 보장하지는 않는다. 따라서 교육과정은 AI의 역할을 명확히 규정하고, 융합의 목표가 효율성이 아니라 창의성과 예술적 성찰임을 분명히 해야 한다. 이때 무용 교육은 경계를 넘어 진정한 융합으로 나아갈 수 있다.

미래를 설계하는 교육 원칙

AI 시대의 무용 교육과정은 단순한 수업 보완이 아니라, 지속 가능한 학습 생태계를 설계하는 전략이어야 한다. 핵심은 무엇을 지키고 무엇을 새롭게 설계할 것인가에 대한 분명한 기준을 세우는 일이다.

첫째, 데이터와 학습 인프라 기반을 확충해야 한다. 국제적으로 AIST++(Li et al., 2021), MADS(Zhang et al., 2017), 국내의 AI-Hub 무용 데이터세트(한국지능정보사회진흥원, 2022)는 무용 데이터 기반 연구와 교육의 토대를 제공한다. 그러나 장르 · 연령 편중을 보완하고 문화적 다양성을 반영하는 작업이 과제로 남아 있다.

둘째, 제도적 · 윤리적 기반을 강화해야 한다. 유럽연합(2024)의 「인공지능법(Artificial Intelligence Act)」은 교육용 AI를 고위험군으로 규정해 인간 감독과 데이터 거버넌스(governance: 데이터 관리와 책임 체계)를 의

무화한다. 유네스코(2023)는 학습자 데이터 보호 · 형평성 · 투명성을 교육적 원칙으로 제시한다. 무용 교육과정은 이를 수업 설계와 평가 지침에 내재화해야 한다.

셋째, 기술과 신체성의 균형을 원칙으로 삼아야 한다. AI는 효율을 제공하지만, 무용의 본질은 몸과 감각에 있다. 따라서 생성형 도구의 활용 범위와 인간의 해석 · 평가 권한을 명확히 규정하는 기준이 필요하다.

이 원칙들은 실제 사례로 이어지고 있다. KAIST는 AI 조교를 수업에 도입하여 학습자의 질문에 24시간 응답할 수 있도록 하였으며, 이는 교육과정이 기술 활용과 교수자 역할 변화를 동시에 요구함을 보여준다(박주영, 2025.6.5). 해외 예술 교육 기관들도 VR · AR 기반 〈디지털 댄스 리터러시〉 교과목을 정규 과정에 도입하여 창작 · 기록 · 퍼포먼스를 통합적으로 경험하게 하고 있다(UNESCO, 2021).

또한 무용 교육과정은 목표 · 내용 · 방법 · 평가의 네 축에서 균형 잡힌 전환을 이루어야 한다. 첫째, 학습 목표는 단순한 기술 숙련에서 벗어나 창의성 · 비판적 사고 · 디지털 리터러시로 확장되어야 한다. 둘째, 교육 내용은 반복 훈련 중심에서 데이터 기반 학습과 융합적 예술 경험으로 재편되어야 한다. 셋째, 교수 학습 방법은 일방향 전달에서 교수자-학습자-AI가 상호작용하는 협력 구조로 바뀌어야 한다. 넷째, 평가는 결과 중심이 아니라 정량 분석과 정성 해석을 결합한 하이브리드(hybrid) 체계로 설계되어야 한다.

결국 AI 시대의 무용 교육과정은 '기술 도입'의 문제가 아니라 '교육 철학과 비전 설계'의 문제다. 미래를 설계하는 핵심은 무용 교육의 본질을 지키면서도 AI를 활용하여 학습 경험을 심화 · 확장하는 것이다. AI는 교육을 대신하는 존재가 아니라, 교육의 동반자이자 조력자로 자리매김해야 한다. 무용 교육이 이 원칙을 견지할 때, AI와의 만남은 단순한 변화가 아니라 예술과 교육의 미래를 함께 설계하는 창조적 여정이 될 수 있다.

참고문헌

교육부(2023). 〈디지털 기반 교육혁신 방안〉. 교육부.

김경미(2023). "무용교육에서의 인공지능 활용방안 탐색". 《문화예술교육연구》, 18(6), 215~238쪽.

문화재청(2022). 〈2022년 문화유산 기록자원 DB 구축(문화재기록물 중장기 관리방안) 최종보고서〉. 문화재청.

박주영(2025.6.5). "KAIST 수업에 인공지능 조교 도입… 24시간 질의응답". 연합뉴스. https://www.yna.co.kr/view/AKR20250605053500063

백진주·박주초(2022). "예술과 기술의 만남, 인공지능의 현대무용 적용: 〈비욘드 블랙〉 창작의 주체와 매개를 중심으로".

《한국예술연구》, 38, 93~114쪽.
윤서진(2022). “AI 연계 무용교육 프로그램 ‘움직임코딩’ 사례연구”. 《한국융합과학회지》, 11(10), 197~206쪽.
한국교육학술정보원(KERIS)(2023). 〈에듀테크 활용 교육환경에서 AI기반 학습자 모델링 및 맞춤형 처방 모델 탐색〉. 한국교육학술정보원. https://www.keris.or.kr/main/ad/pblcte/selectPblcteRMInfo.do?mi=1139&pblcteSeq=13776
한국지능정보사회진흥원(2022). “다양한 장르의 춤사위 동작 데이터” [데이터파일]. AI-Hub. https://aihub.or.kr/aihubdata/data/view.do?dataSetSn=604
European Union(2024). *Artificial Intelligence Act* (Regulation (EU) 2024/1689). *Official Journal of the European Union, L 2024/1689,* 12.7.2024, pp.1~144. https://eur-lex.europa.eu/eli/reg/2024/1689/oj/eng
Li, R. et al.(2021). AI Choreographer: Music conditioned 3D dance generation with AIST++. *Proceedings of the IEEE/CVF International Conference on Computer Vision(ICCV),* pp.13401~13412.
UNESCO(2021). *AI and education: Guidance for policy-makers.* UNESCO Publishing. https://unesdoc.unesco.org/ark:/48223/pf0000376709
UNESCO(2023). *Guidance for generative AI in education and research.* https://unesdoc.unesco.org/ark:/48223/pf0000386693/PDF/386693eng.pdf.multi
Zhang, W. et al.(2017). Martial arts, dancing and sports dataset: A challenging stereo and multi-view dataset for 3D human pose estimation. *Image and Vision Computing, 61*, pp.22~39.

04
AI 기반 무용 수업 설계

AI 기반 무용 수업은 어떻게 설계해야 할까? 수업은 교육과정을 구현하는 실천의 장이자 학습자와 교수자가 경험을 공유하는 장이다. 무용 수업은 몸으로 보고, 느끼고, 생각하고, 표현하는 총체적 경험이며, AI와 결합할 때 새로운 방식과 깊이로 확장된다. AI는 감상 · 수행 · 창작의 방식을 재구성하고, 학습자의 감각과 피드백에 따라 수업을 설계 · 실행 · 평가하는 다양한 가능성을 제시한다. 이 장에서는 AI 기반 무용 수업의 구조와 설계 전략을 체계적으로 정리한다.

청각장애인과 AI?

몸-감각-몰입의 연결

무용은 신체성과 감각 경험을 본질로 한다. 몸의 긴장과 이완, 리듬과 호흡, 정서적 교류는 무용 학습의 중심에 놓인다. AI는 이러한 감각 경험을 기록하거나 분석하는 수준을 넘어, 몸-감각-몰입을 유기적으로 연결하는 매개체로 작동한다.

첫째, 가상 몰입 환경을 통한 신체-정서의 연결이다. VR · AR 기반 수업은 학습자가 실제 무대에 있지 않아도 가상공간을 탐색하며 동작을 수행할 수 있게 한다. 특정 동작을 할 때 화면에 감정 색채가 시각적으로 반영되거나 움직임이 실시간 그래픽으로 변환되면, 학습자는 신체적 움직임과 정서적 반응을 동시에 경험한다. 이러한 경험은 동작 습득을 넘어 정서와 감각이 결합한 몰입 학습을 가능하게 한다.

둘째, 웨어러블 센서를 통한 다감각 학습이다. 가속도계(accelerometer: 속도 변화를 측정하는 센서)와 자이로 센서(gyroscope sensor: 신체의 회전과 방향 변화를 감지하는 센서)가 부착된 장비는 움직임을 촉각 · 청각 · 시각 데이터로 변환한다(이종욱, 2019). 학습자는 자신의 동작을 시각적으로 확인하는 데 그치지 않고, 청각 · 촉각 신호를 통해 다감각적으로 체험한다. 이 과정은 자신의 움직임을 총체적으로 이해하도록 돕고, 신체적 창의성과 감각적 몰입을 동시에 강화한다.

셋째, 감정-신체-표현의 통합이다. AI 기반 감정 데이터 분석은 학습자가 자신의 내적 정서를 인식하고 이를 신체 움직임과 연결하도록 돕는다. 감정 데이터가 시각화되어 제공되면 학습자는 정서를 움직임으로 변환하는 자기 성찰적 학습을 경험한다. 이는 무용의 예술적 본질인 정서적 공감과 표현의 통합을 촉진하며, 학습자의 몰입과 자기 이해를 심화한다(문영 · 서희영, 2024).

결국 AI는 몸-감각-몰입을 유기적으로 연결하는 매개체가 되며, 수업 설계의 우선순위는 기술적 효율성보다 감각적 몰입과 예술적 경험에 두어야 한다.

감상·수행·창작의 통합 전략

무용 수업의 세 축은 감상 · 수행 · 창작이다. 전통적으로는 이 세 영역이 구분되어 진행되었으나, AI 도입은 데이터와 감각을 연결하여 통합 설계를 가능하게 한다.

감상 수업: 데이터와 감각의 융합

AI 기반 감상 수업은 무용 작품을 단순히 '보는 행위'에서 '분석하고 공유하는 경험'으로 확장한다. 동작 인식 AI는 무용수의 관절 궤적을 시각화하여 리듬과 공간 활용을 구체화하고, 감정 분석 AI는 학습자의 정서 반응을 감정 키워드로 변환한다. 학습자는 자신의 감정을 실시간 데이터로 시각화해 공유하며 주관적 경험과 객관적 분석을 연결한다(문영 · 서희영, 2024).

이는 감각적 해석과 비판적 사고를 동시에 길러주지만, 예술적 맥락과 정서적 의미 해석은 여전히 인간의 몫이다. 따라서 분석을 넘어 창의적 해석과 공감을 확장하도록 설계되어야 한다.

수행 수업: 실시간 피드백과 성찰 학습

AI는 수행 수업에서 즉시성과 개별성을 동시에 구현한다. 센서 기반 AI는 학습자의 동작을 실시간으로 분석하여 정확도 · 균형 · 속도 · 리듬을 수치화한다. 학습자는 즉각 교정할 수 있고, AI는 맞춤형 교정 포인트와 훈련 계획을 제공한다. 반복 학습 모듈은 학습자의 성장 데이터를 축적하여 자기 주도 학습을 지원한다(Xu et al., 2025). 그러나 데이터 피드백만으로는 충분하지 않다. 교수자는 정성적 피드백과 예술적 해석을 결합해 학습자의 기술과 표현의 균형을 이끌어야 한다.

창작 수업: 인간-AI 협업 기반 창의적 확장

AI는 창작 수업에서 안무 아이디어, 동작 변형, 스타일 모방 등을 제안하는 협력자로 기능한다. 예를 들어 생성형 AI가 감정 키워드에 따라 동작 시퀀스를 제안하면, 학습자는 이를 자신의 해석과 신체 감각으로 확장해 예측 불가능한 창작 경험을 한다. 특히 집단 창작에서 학습자들은 각자 생성한 동작을 공유-조합-재맥락화하며 협업 능력을 기른다. 평가에서는 AI의 정량 분석(정확도 · 일관성)과 교수자의 정성 해석(창의성 · 감정 표현 · 해석)을 결합한 하이브리드 체계를 적용해, 작품의 완성도뿐 아니라 창작 과정과 예술적 주체성까지 반영한다.

따라서 감상 · 수행 · 창작을 통합하는 AI 기반 수업 구조는 데이터 분석-감각 체험-창의적 산출이 순환하는 학습 모델을 가능하게 한다.

AI 활용 무용 수업 실천 사례

AI 기반 무용 수업은 다양한 형태로 시도되며 수업 구조와 학습 경험을 변화시킨다.

첫째, 〈2023 LG아트클래스〉 프로그램은 AI 기반 실시간 동작 인식과 감정 키워드를 결합해 학습자의 움직임을 시각적 · 감각적 경험으로 연결하도록 설계하였다

(문영 · 서희영, 2024). 학습자는 자신의 동작이 어떤 정서와 연결되는지 즉각 체험했고, 몰입도와 참여도가 높아졌다. 이는 아동 무용 교육에서 학습자 중심 몰입을 촉진하는 사례다.

둘째, 생성형 AI 활용 수업은 ChatGPT와 같은 대화형 AI를 안무 아이디어, 감상 활동, 피드백 시뮬레이션에 적용하여 낮은 진입장벽으로 보편적 확산 가능성을 보여준다(차민영 · 김숙희, 2025). 교수자는 AI 제안이 단순 반복으로 흐르지 않도록 학습자의 정서와 창의성을 반영하도록 지도한다.

셋째, 〈움직임 코딩(Movement Coding)〉 프로그램은 무용과 컴퓨터적 사고(computational thinking: 패턴과 알고리즘을 통해 문제를 해결하는 사고방식)를 연결하는 융합 학습 모델이다(윤서진, 2022). 기본 동작을 '명령어 블록'으로 분류 · 조합해 입력-출력-재구성의 절차로 새로운 동작을 창출한다. 이러한 과정은 신체적 창의성과 프로그래밍적 사고를 동시에 강화한다.

넷째, AI 활용 융합 예술 교육 수업은 프로젝트 기반 학습을 통해 생성형 AI가 제시한 시각 이미지와 음악적 패턴을 바탕으로 움직임을 창작하여 예술 장르 간 경계를 허물고 총체적 예술 경험을 가능하게 한다(김경미, 2024).

다섯째, 〈비욘드 블랙〉(2020) 프로젝트는 공연 · 창작 협업 사례로 인간 무용수와 AI가 실시간 협업하여 무대에서 새로운 움직임을 생성했다(백진주 · 박주초, 2022). 이는 즉흥성과 성찰 능력을 동시에 기르는 교육 모델로 확장할 수 있다.

여섯째, 〈DanceOn〉 프로젝트는 다문화적 맥락에서 AI 안무 도구와 피드백 시스템을 공동 설계해 학습자의 창의성을 확장하는 커리큘럼을 제시했다(Castro et al., 2022). 이는 기술 도입 방식에 따라 수업 구조가 달라질 수 있음을 보여준다.

무용 수업 혁신 전략

AI 기반 무용 수업의 핵심은 단순 기술 적용이 아니라, 무용 교육의 본질인 몸, 감각, 예술적 창의성의 확장이다. 이를 위해 다음과 같은 전략이 필요하다.

첫째, 피드백-성찰-재구성-성장의 순환 구조를 확립한다. AI의 실시간 피드백을 자기 성찰과 목표 재설정으로 연결하고, 시각화된 학습 데이터로 성장 궤적을 추적한다. 교수자는 이를 토대로 맞춤형 피드백을 제공한다.

둘째, 개인화와 협업을 동시에 강화한다. 개인별 체형 · 리듬 · 패턴에 맞춘 미세 교정을 제공하면서, 집단 창작 과제로 공유-조합-재맥락화의 협업 흐름을 설계한다.

셋째, 평가 방식을 하이브리드화한다. AI의 정량 분석(좌표, 속도, 정확도 등), 교수자의 정성 해석(감정 표현, 창의성, 예술적 해석), 학습자의 자기 성찰(학습 일지, 성찰 보고서)을 결합해 과정 중심 평가를 구현한다.

넷째, 교수자와 학습자의 역할을 재설계한다. AI는 수행 데이터를 실시간 분석 · 피드백하고, 학습자는 이를 바탕으로 자기 학습 경로를 설계하는 탐구자가 된다. 교수자는 AI의 데이터를 예술적 맥락으로 해석하고 감각 경험과 연결하는 조율자이자 설계자로 기능한다. 무용 수업의 중심은 교수자 전달에서 학습자 탐구로 이동한다.

다섯째, 지속 가능한 수업을 설계한다. 빠르게 변하는 도구에 의존하지 않고, 몸 · 감각 · 창의성의 본질을 확장하는 방향으로 기술을 선별해 지속 가능한 수업 모델을 구축한다.

AI 기반 무용 수업은 새로운 기술의 도입이 아니라 교육의 본질을 다시 묻는 과정이다. 감상-수행-창작의 흐름 속에서 학습자 경험을 확장하고 교수자 역할을 재구성하며, 수업을 학습자 중심의 탐구와 협력의 장으로 전환한다. 그러나 기술은 결코 모든 것을 대체할 수 없다.

핵심은 인간이며, 예술적 해석, 감정적 교류, 창작의 주체성은 여전히 인간의 몫이다. 수업의 중심은 언제나 몸과 감각, 창의적 해석이어야 한다.

참고문헌

김경미(2024). "국내 융합예술 교육에서 인공지능 활용 연구동향 분석". 《Journal of Sport and Dance Science》, 4(3), 167~180쪽.

문영·서희영(2024). "예술교육 몰입강화를 위한 인공지능 무용교육프로그램 개발 및 적용: 2023 LG아트클래스를 중심으로". 《대한무용학회 논문집》, 82(1), 359~371쪽.

백진주·박주초(2022). "예술과 기술의 만남, 인공지능의 현대무용 적용: 〈비욘드 블랙〉 창작의 주체와 매개를 중심으로". 《한국예술연구》, 38, 93~114쪽.

윤서진(2022). "AI 연계 무용교육 프로그램 '움직임코딩' 사례연구". 《한국융합과학회지》, 11(10), 197~206쪽.

이종욱(2019). "무용 동작 기록을 위한 웨어러블 디바이스". 《디지털콘텐츠학회논문지》, 20(9), 1893~1898쪽.

차민영·김숙희(2025). "ChatGPT(genAI)가 가져올 무용의 미래: 가능성 탐색 및 대처방안". 《한국체육학회지》, 64(3), 95~114쪽.

Castro, F. E. V. et al.(2022). AI + Dance: Co-Designing Culturally Sustaining Curricular Resources for AI and Ethics Education Through Artistic Computing. *Proceedings of the 17th ACM Conference on International Computing Education Research (ICER '22)*, pp.26~27. https://doi.org/10.1145/3501709.3544275

Xu, L. J. et al.(2025). Effects of AI–assisted dance skills teaching, evaluation and visual feedback on dance students' learning performance, motivation and self–efficacy. *International Journal of Human–Computer Studies, 195*, 103410.

05
AI 활용 무용 교수 학습 방법

AI를 통해 무용은 어떻게 가르치고 배울 수 있을까? AI로 인한 가장 즉각적인 변화는 교수 학습 방법에서 드러난다. AI는 교수자와 학습자의 관계, 수업 운영 방식, 학습 경험의 구조를 바꾸며, 학습자가 창의적 탐구자로 성장할 수 있는 새로운 교수 학습 패러다임을 연다. 이 장에서는 무용 교육에서 AI 활용이 가져오는 교수 학습 방법의 핵심 변화를 살펴보고, 교수자-AI-학습자의 상호작용 속에서 새롭게 구성되는 학습 방법과 실천 전략을 탐구한다.

AI 콘텐츠 크리에이터?

교수 학습 패러다임의 전환

AI의 도입은 무용 교수 학습의 방식과 철학을 근본적으로 변화시키고 있다. 기존의 무용 교육은 도제식으로 이루어져 왔으며 이에 따라 학습자는 교수자를 모방하며 수동적인 경향이 강했다. 그러나 AI는 학습을 재현 중심에서 스스로 탐구하고 창조하는 과정으로 변화시키면서 교수 학습의 성격을 근본적으로 전환한다.

첫째, 교수자 중심의 도제식 방식에서 학습자 주도의 탐구로 전환된다. AI가 제공하는 데이터 분석이나 창작 제안은 정답이 아니라 학습자가 이를 비판적으로 해석하고 자기 방식으로 활용해야 하는 학습 도구다. 이 과정에서 학습자는 스스로 의미를 능동적으로 재구성하며 수동적 모방자에서 능동적 탐구자로 성장한다.

둘째, 결과 중심에서 과정 중심으로 이동한다. 과거에는 공연이나 작품의 완성도가 성취의 기준이었다면, AI는 학습자의 연습 과정 전체를 시각화하고 기록하여 성장의 과정을 보여 준다(Xu et al., 2025). 교수자는 학습자가 과정에서 의미와 가치를 찾도록 도우면서 성찰적 학습 경험을 제공한다.

셋째, 개별화 학습과 협력적 학습이 동시에 강화된다. AI는 학습자의 신체 조건과 오류 패턴을 분석해 개인별 맞춤 피드백을 제공하고, 동시에 프로젝트 기반 수업에서는 개별 산출물을 조합·재구성하여 팀 창작물로 발전시키도록 지원한다. 이는 개인의 성장과 집단적 협업을 동시에 경험하게 하며, 무용 교육을 '기술 습득의 장에서 창의적 지식 생산의 장으로' 확장한다.

넷째, 온·오프라인을 결합한 하이브리드 수업 운영으로 접근성과 지속성을 높인다. 실시간 수업과 온라인 학습을 병행하고, AI 분석 도구를 활용해 원격 피드백을 제공하면, 학습자는 수업 이후에도 스스로 연습하고 피드백을 확인하며 다시 성찰하는 학습 과정을 이어갈 수 있다.

이처럼 무용 교육에서 AI는 도구의 효율성을 넘어 탐구·성찰·협력의 교수 학습 원리를 재구성하는 촉매로 작동한다.

교수자-AI-학습자 상호작용 모델

AI 기반 무용 교수 학습은 교수자-학습자의 이원적 구조에서 나아가 '교수자-AI-학습자'가 상호작용하는 새로운 학습 구조를 형성한다. 이는 보조 도구의 차원이 아니라 학습 환경의 구조 자체를 바꾸는 관계망이다.

첫째, AI는 데이터 기반의 촉진자(facilitator)다. 학습자의 움직임을 실시간으로 분석하고 시각화된 피드백을 제공함으로써 학습자가 자신의 수행을 객관적으로 인식하도록 돕는다(Xu et al., 2025). 그러나 AI의 피드백은 그대로는 예술적 의미를 갖기 어려우므로, 교수자가 이를 해석하여 학습자의 경험과 연결해야 한다. 이 과정에서 학습자는 데이터와 해석을 토대로 자기 학습을 재구성하게 된다.

둘째, 교수자는 학습 설계자이자 조율자다. 교수자는 AI가 제시하는 정량 데이터를 '공간감 · 호흡 · 관계성' 같은 질적 언어로 재맥락화하여 학습자가 이해할 수 있도록 해석한다. 또 개인별 학습과 팀 활동의 균형을 설계하며 학습 환경을 조율한다, 교수자는 '기계적 분석-인간적 해석-창의적 확장'을 연결하는 핵심 매개자다.

셋째, 학습자는 주체적 설계자다. AI가 제시하는 제안을 그대로 따르지 않고, 수용 · 변형 · 재구성하여 자신만의 학습 목표와 표현 방식으로 발전시킨다. 반복되는 피드백 과정을 통해 학습자는 성장의 흐름을 인식하고, 교수자와 함께 해석하며 학습을 협력적 탐구 경험으로 확장한다.

교수자-AI-학습자 상호작용 모델은 '데이터-해석-표현'의 3단계 피드백 루프를 형성하며, 학습자가 자기 성찰과 재구성을 통해 성장하도록 돕는다. AI는 분석자, 교수자는 해석자 · 조율자, 학습자는 창작자 · 실험자로 역할이 나뉘며, 기술과 인간이 서로 협력하는 생태계가 형성된다. AI는 정확성과 효율성을 제공하지만, 예술적 의미 부여와 창의적 해석은 여전히 인간의 몫이다. 이는 기술과 인간이 상호 협력하는 교수 학습 생태계를 실질적으로 구현한다.

융합형 프로젝트 학습

프로젝트 기반 융합형 학습은 무용 교육에서 AI 활용을 가장 잘 보여주는 전략이다. 이 방식은 무용 수업을 예술 · 과학 · 기술이 만나는 장으로 전환하여 '예술적 창작-과학적 분석-기술적 구현'이 동시에 이루어지는 융합적 학습 환경을 만든다.

첫째, 실제 문제 해결 중심의 학습이다. 예를 들어 학습자들은 'AI를 활용한 감정 기반 무용 공연 설계'라는 프로젝트를 기획하며 동작 인식, 감정 데이터 분석, 시각화 도구를 함께 활용한다. 이 과정에서 무용은 단순한 기능 훈련이 아니라 문제 해결을 위한 융합적 · 창의적 탐구의 장이 된다.

둘째, 학제 간 협력을 촉진한다. 생성형 AI가 제공한

음악 패턴과 시각 이미지를 활용하여 학습자가 움직임을 창작하면 예술적 요소와 기술적 요소가 함께 어우러진 결과물이 나온다. 이를 통해 무용은 예술 · 기술 · 인문학을 넘나드는 융합 교육으로 확장된다.

셋째, 집단 창작과 협업 역량을 강화한다. 프로젝트 기반 학습은 학습자 개인의 창작 능력뿐 아니라 집단 속에서 협업하는 능력을 중요시한다. 팀 단위로 'AI 안무 생성기를 활용한 공연'을 기획하면, 학습자들은 데이터 분석, 동작 변형, 시각화 디자인 등 역할을 나누며 협업한다. 이 과정에서 학습자들은 협력적 창작 과정을 통해 집단적 성취를 경험한다.

넷째, 성과를 공유하고 확산한다. 공연 · 발표로 프로젝트를 마무리하고, AI는 데이터 분석 리포트와 시각화 결과물을 함께 제시하여 학습 성과를 구체적이고 설득력 있게 보여준다. 학습자는 성과를 공동체와 공유하면서 사회적 · 문화적 맥락에서 의미를 연결하여 해석한다.

이러한 과정을 학기 단위의 프로젝트로 확장하면 무용 · 음악 · 미술 · 영상 전공 학습자들이 협업하는 팀 기반 학습 환경을 구축할 수 있으며, 이 과정에서 학습자는 무용 기술 습득을 넘어선 융합적 창의성과 문제 해결 능력을 강화하게 된다.

무용 교수 학습 혁신 전략

AI 기반 교수 학습 방법은 기술 적용과 효율성 향상만이 아니라 교육학적 원리와 현장 실천을 연결하는 구체적인 전략이 되어야 한다. 이를 위해 네 가지 방향이 제시된다.

첫째, 데이터 기반 교수법의 정립이다. AI는 학습자의 동작을 좌표 · 속도 · 균형 등 수치로 제시하지만, 이러한 수치 자체가 교육적 의미를 보장하지는 않는다. 교수자는 이를 공간 활용, 호흡 리듬 등 예술적 맥락으로 다시 설명해야 한다. 이 과정을 통해 학습자는 데이터를 비판적으로 이해하고 자기 학습 경로를 스스로 설계하며 성찰하는 탐구자로 성장한다(Xu et al., 2025).

둘째, 감각 확장형 학습법의 적용이다. VR · AR 수업, 웨어러블 센서, 감정 데이터 분석을 통해 학습자는 신체-정서-인지가 통합된 경험을 할 수 있다. 특정 동작을 할 때 색채 · 소리 · 진동이 동시에 제공되면 학습자는 자신의 움직임을 다감각적으로 이해하고 몰입할 수 있다. 중요한 것은 화려한 기술이 아니라, 교수자가 이를 학습자의 성찰로 연결하는 설계다(문영 · 서희영, 2024; 이종욱, 2019). 이는 '감각-사고-행위'의 통합적 학습을 촉진하며 무용의 예술적 본질을 기술로 증폭하는 방법이다.

셋째, 협력적 융합 학습법의 강화다. 무용은 본질적으로 집단 예술이므로, AI를 활용한 개인 맞춤형 피드백과 집단 창작을 함께 설계해야 한다. 생성형 AI가 제안한 개인의 안무 아이디어를 집단적으로 조합하고 재구성하면서 무용은 총체적 예술 경험으로 확장된다(김경미, 2024). 이는 무용을 음악 · 시각 예술 · 미디어와 결합하여 학제적 사고를 촉진하는 융합 예술 교육으로 실현하는 방법이다.

넷째, 윤리적 · 비판적 리터러시의 내재화다. AI 활용은 신체 데이터 보호, 저작권, 알고리즘 편향 등 윤리 문제를 동반한다. 특히 무용 교육에서 수집되는 신체 데이터는 민감하므로 수집 · 저장 · 활용에 대해 반드시 사전 동의 · 익명화 · 목적 제한 · 보관 기한 명시가 필요하다. 학습자는 AI의 제안을 그대로 수용하지 않고 비판적으로 성찰하며, 그 속에 담긴 편향을 인식할 수 있는 윤리적 감수성과 디지털 리터러시를 갖추어야 한다(김경미, 2023).

이 네 가지 전략은 기술의 효율성과 예술적 본질을 동시에 고려하는 균형적 접근을 전제한다. AI는 효율적 도구이자 창작 파트너가 될 수 있다. 그러나 학습자의 성장과 창의적 해석을 보장하는 것은 여전히 교수자와 학습자의 상호작용이다. 따라서 무용 교수 학습 혁신은 기술에 의존하는 것이 아니라, 무엇을 지키고 무엇을 바꿀 것인가에 대한 교육 철학과 합의에 기반해야 한다. 핵심 질문은 "AI를 어떻게 활용할 것인가"가 아니라, "AI와 함께 어떤 예술 경험을 만들어갈 것인가"다.

참고문헌

김경미(2023). "무용교육에서의 인공지능 활용방안 탐색". 《문화예술교육연구》, 18(6), 215~238쪽.

김경미(2024). "국내 융합예술 교육에서 인공지능 활용 연구동향 분석". 《Journal of Sport and Dance Science》, 4(3), 167~180쪽.

문영·서희영(2024). "예술교육 몰입강화를 위한 인공지능 무용교육프로그램 개발 및 적용: 2023 LG아트클래스를 중심으로". 《대한무용학회 논문집》, 82(1), 359~371쪽.

이종욱(2019). "무용 동작 기록을 위한 웨어러블 디바이스". 《디지털콘텐츠학회논문지》, 20(9), 1893~1898쪽.

Xu, L. J. et al.(2025). Effects of AI-assisted dance skills teaching, evaluation and visual feedback on dance students' learning performance, motivation and self-efficacy. *International Journal of Human-Computer Studies, 195*, 103410.

06
AI 기반 맞춤형 학습과 피드백

AI를 통해 맞춤형 무용 교육은 어떻게 구현될까? AI는 학습자의 신체 · 감각 · 정서적 특성을 분석하여 맞춤형 학습과 피드백을 제공한다. 이는 교수자–AI–학습자의 협력 구조를 형성하며 무용 교육의 방법과 상호작용 방식을 변화시킨다. 그러나 데이터 중심의 정량화는 무용의 예술성과 창의성을 제한할 위험도 내포한다. 이 장은 이러한 가능성과 한계를 균형 있게 검토하고, 무용 교육 현장에서 AI 기반 맞춤형 학습과 피드백의 방향을 모색한다.

AI와 민주주의?

데이터 기반 맞춤형 학습 설계

AI는 데이터에 기반하여 학습자 맞춤형 학습을 가능하게 한다. 동작 속도, 균형, 관절 각도, 리듬감, 호흡 주기 등은 AI를 통해 정량적으로 분석할 수 있으며, 이를 토대로 학습자는 무의식적인 움직임 습관이나 강약의 불균형을 객관적으로 확인할 수 있다.

그러나 중요한 점은 데이터 자체가 곧 교육은 아니라는 것이다. 예를 들어 "점프가 평균치보다 낮다"라거나 "회전 동작의 균형이 15% 부족하다"라는 결과는 단순한 사실 진술에 불과하다. 이러한 분석이 교육적 의미를 갖기 위해서는 교수자의 해석과 맥락화가 반드시 필요하다. 같은 결과라도 교수자의 해석을 거치면 "지면 반발력을 충분히 활용하지 못한다", "호흡 리듬의 안정성이 떨어진다"와 같은 구체적인 지도로 전환된다(Xu et al., 2025). 따라서 AI는 분석자의 역할에 머물고, 교수자는 해석자이자 교육적 번역자로서 데이터를 학습 의미로 바꾼다.

맞춤형 학습 설계의 핵심은 개별 학습자의 특성과 목표를 반영한 학습 경로 제시에 있다. 과거 무용 수업은 집단 평균을 기준으로 운영하는 경우가 많아 일부 학습자에게는 과제가 과도하게 쉽거나 어려웠다. AI는 학습자의 동작 오류 패턴, 피로도, 회복 속도를 추적하여 학습자별로 차별화된 과제를 제시할 수 있다.

또한 맞춤형 설계는 단순한 기술 교정이 아니라 창의적 탐구로 이어져야 한다. 학습자가 AI 데이터를 바탕으로 자신의 움직임을 탐구하고 변형할 때, 학습은 기술 훈련을 넘어 창작과 성찰의 과정으로 확장된다.

이 과정에서 AI 분석의 한계와 편향도 고려해야 한다. 데이터는 감각적 · 정서적 맥락을 온전히 반영하지 못할 수 있다. 따라서 맞춤형 학습 설계는 AI의 분석(객관성)-교수자의 해석(예술성)-학습자의 성찰(주체성)이 결합하는 구조에서 이루어져야 한다(Qi & Xu, 2024).

결국 중요한 질문은 "AI는 어디까지 개입하고, 인간의 해석은 어디에서 필요한가?"다. 이 질문은 AI 기반 맞춤형 학습이 기술적 진단을 예술적 성장으로 연결하는 기준이 되며, 교수자와 학습자가 데이터를 함께 해석하고 창의적으로 확장할 수 있는 토대가 된다. 따라서 데이터 기반 맞춤형 학습 설계는 무용 교육을 '평균적 지도에서 개인화된 탐구로', '기술 교정에서 창의적 성장으로' 전환하는 계기가 된다.

분석-피드백-성장의 순환

무용 수업에서 AI가 보여주는 가장 즉각적인 변화는 실시간 피드백과 성장 추적이다. 기존에는 교수자가 학습자의 동작을 관찰하고 교정하는 방식으로 이루어졌으나 시간적 · 공간적 제약으로 모든 학습자에게 세밀한 피드백을 제공하기는 어려웠다. AI는 이러한 한계를 보완하여 학습자가 동작을 수행하는 순간부터 '분석-피드백-수정-재수행'으로 이어지는 순환적 학습 구조를 가능하게 한다(Castro et al., 2022).

첫째, 실시간으로 동작을 분석하고 즉각적인 피드백을 제공한다. 센서 기반 AI와 영상 인식 알고리즘은 움직임을 좌표 · 속도 · 각도 등으로 수치화하여 곧바로 시각화해 주므로, 학습자는 자신의 오류를 즉시 수정할 수 있는 근거를 얻는다.

둘째, 개인화 피드백을 강화한다. AI는 학습자의 신체적 특성, 오류 패턴, 학습 속도 데이터를 분석하여 집중 교정 루프(feedback loop: 반복적 피드백 과정)를 제안하며, 학습자의 자기 주도적 성장을 촉진한다(Jordan et al., 2022).

셋째, 성장 과정을 기록하고 가시화한다. 학습자의 성과는 데이터로 누적 · 기록되며, MIT 미디어랩(Media

Lab)의 〈댄싱 위드 AI(Dancing with AI)〉(2022) 프로젝트는 즉각적 피드백과 자기 성찰 활동을 결합하여 학습자의 성장 궤적을 드러내도록 설계되었다(Jordan et al., 2022).

넷째, 피드백을 다층적으로 구조화한다. AI의 정량적 피드백-교수자의 정성적 피드백-학습자의 자기 성찰은 '데이터-해석-성찰'로 연결되며 기술적 · 예술적 성장을 동시에 이끌어낸다. 이러한 구조는 무용 교육의 깊이를 확장하는 토대가 된다. 따라서 AI 기반 피드백은 교정 도구가 아니라 학습 촉진자이자 성장 기록자로 이해해야 한다.

협력적 피드백과 학습 공동체

AI 기반 무용 교수 학습은 맞춤형 교정에 그치지 않고, 학습자가 주체적으로 학습을 설계하고 협력적으로 피드백을 주고받는 과정으로 확장된다. 다시 말해, 학습은 개별적 성취에 머무는 것이 아니라, 교수자-AI-학습자가 함께 만들어가는 상호작용 경험이 된다. 이러한 변화는 학습자가 피드백 수용자가 아니라, 스스로 학습을 조직하고 공동체 속에서 의미를 확장하는 주체로 성장하도록 만든다.

첫째, 학습자는 주체적 설계자다. AI가 제공하는 분석 결과나 동작 제안은 정답이 아니므로, 학습자는 이를 수동적으로 수용하지 않고 자신의 목표와 표현 방식에 맞게 수용 · 변형 · 재구성한다.

둘째, 협력적 피드백 구조를 강화한다. AI는 집단 환경에서 피드백 공유를 촉진하고, 학습자들은 시각화된 데이터를 바탕으로 논의한다. 교수자는 이 과정에서 감각적 · 정서적 맥락을 반영하며 지도한다. KAIST의 VTA(Virtual Teaching Assistant: 가상 조교)는 학습자 간 지식 공유와 협력적 피드백을 촉진하는 사례로 주목된다(박주영, 2025.6.5).

셋째, 다층적 협력을 실천한다. 개인의 성찰-집단의 협력-교수자의 해석이 결합할 때, 학습은 '데이터 기반 분석-개별적 해석-협력적 공유-예술적 맥락화'의 단계로 이어지며 확장된다. 이때 AI는 학습의 중심이 아니라 촉진자이며, 학습자는 자신의 성장을 공동체적 맥락 속에서 재인식하면서 수용자에서 자신과 공동체의 성장을 함께 설계하는 창작자로 변화한다.

정밀성과 감수성의 균형

AI 기반 맞춤형 학습의 미래는 기술적 정밀성과 인간적 감수성의 균형에 달려 있다. AI는 동작 인식, 생체 데이터 분석, 감정 인식을 통해 학습자의 특성을 정밀하게 파악할 수 있지만, 데이터만으로 교육이 완성되지는 않는다. 따라서 무용 교육은 기술적 성과에 머무르지 않고, 예술적 해석과 인간적 상호작용을 결합하는 방향으로 발전해야 한다.

첫째, 데이터는 단순 지표가 아니라 학습 대화의 촉매가 되어야 한다. 수치화된 결과를 그대로 받아들이는 것이 아니라 이를 근거로 "왜 이런 움직임이 나타났는가", "이 결과의 의미는 무엇인가"를 교수자와 학습자가 함께 논의하며 학습의 방향을 조정하는 대화의 출발점으로 삼아야 한다.

둘째, 평가 방식은 점수 환원주의를 넘어 학습 과정 자체를 드러내고 성찰하게 하는 과정 중심 평가로 재편되어야 한다. 단순히 점수를 산출하는 것이 아니라, 학습자가 성장의 궤적을 기록하고 이를 성찰하게 함으로써 결과보다 과정의 의미를 강조한다. 이는 학습자가 자신의 발전을 인식하도록 돕는 평가 방식이다.

셋째, 데이터세트의 다양성 확보가 필수다. 장르 · 체형 · 문화 배경을 포괄하지 못한 데이터는 편향을 낳는다. 따라서 데이터세트는 다양한 무용 장르와 체형, 문화적 배경을 포괄해야 한다. 문화적 다양성을 존중하고, 각기 다른 움직임의 미학과 전통을 반영하는 데이터 구축이 AI의 편향을 줄이는 핵심 전략이다.

넷째, 개인정보 보호와 알고리즘 투명성, 사전 동의의 내재화가 필요하다. 무용 데이터는 신체 이미지, 생체 신호, 감정 반응과 같은 민감한 정보를 다루는 만큼 익명화 · 목적 제한 · 보관 기한 명시는 학습자의 권리와 존엄을 보장하는 교육적 원칙이자 윤리적 책무로 이해되어야 한다.

이러한 맞춤형 학습의 과제는 기술적 보완의 문제가 아니라 무용 교육의 철학과 방법을 다시 성찰하게 한다. AI는 분석과 제안을 담당하고, 교수자는 이를 예술적 · 교육적 맥락에서 해석하며, 학습자는 성찰과 창작으로 학습을 확장한다. 이러한 협력 구조에서 AI 기반 맞춤형 학습은 비로소 교육적 의미와 예술적 가치를 동시에 획득한다. 무용 교육의 미래는 기술이 제공하는 정밀함과 인간이 발휘하는 감수성이 상호 보완하며, 무용의 본질인 몸과 감각, 창의적 표현을 더욱 풍부하게 하는 방향으로 나아가야 한다.

참고문헌

박주영(2025.6.5). "KAIST 수업에 인공지능 조교 도입… 24시간 질의응답". 연합뉴스. https://www.yna.co.kr/view/AKR20250605053500063

Castro, F. E. V. et al.(2022). AI + Dance: Co-Designing Culturally Sustaining Curricular Resources for AI and Ethics Education Through Artistic Computing. *Proceedings of the 17th ACM Conference on International Computing Education Research (ICER '22)*, pp.26~27. https://doi.org/10.1145/3501709.3544275

Jordan, B. et al.(2022). *Dancing with AI: Designing Interactive AI Systems* [Curriculum]. Personal Robots Group, MIT Media Lab. https://dancingwithai.media.mit.edu/curriculum

Qi, T. & Xu, B.(2024). Research on the status and development pathways of artificial intelligence technology in dance education. *Region - Educational Research and Reviews, 6,* p.28. 10.32629/rerr.v6i9.2622.

Xu, L. J. et al.(2025). Effects of AI-assisted dance skills teaching, evaluation and visual feedback on dance students' learning performance, motivation and self-efficacy. *International Journal of Human-Computer Studies, 195*, 103410.

07
AI 기반 무용 동작의 평가

AI는 무용에서 무엇을 보고, 어떻게 판단하는가? AI는 인간의 신체 움직임을 기록하고 분석하는 정밀한 도구로 주목받고 있으며, 무용 교육에서는 동작을 구분하고 평가하는 새로운 방식으로 활용되고 있다. 그러나 무용의 예술적 본질은 데이터로 환원되지 않으며, 이로 인해 정량적 기준과 미적 기준 사이의 긴장이 발생한다. 이 장은 AI가 무용 동작을 어떻게 인식하고 평가할 수 있는지, 감성적 움직임과 표현력까지 포착할 수 있는지에 대해 그 가능성과 한계를 교육적 관점에서 탐색한다.

AI와 애니메이션?

몸의 기록, 수치로 읽는 움직임

AI는 신체 움직임을 데이터로 환원하는 능력을 통해 무용의 동작을 정밀하게 기록한다. 모션 캡처(motion capture) 기술, 센서 기반 추적 장치, 영상 인식 알고리즘은 학습자의 움직임을 좌표 · 속도 · 각도 · 균형 등 수치 지표로 변환하며, 이를 통해 인간의 신체가 수행하는 복잡한 움직임이 분석 가능한 데이터로 전환된다(Xu et al., 2025). 예를 들어 발레에서는 회전의 각도와 속도를 분석해 균형의 안정성을 측정하고, 현대 무용에서는 공간 이동의 궤적을 데이터로 기록해 무대 활용의 효율성을 평가한다. 한국 무용에서는 팔의 각도나 리듬이 수치화되어 전통 동작의 수행 능력을 객관적으로 파악할 수 있다. 이렇게 축적된 데이터는 단순한 기록을 넘어 학습자의 현재 위치를 드러내고, 교수자에게는 교육적 개입의 근거, 학습자에게는 자기 성찰의 단서가 된다.

웨어러블 센서나 스마트 슈트(smart suit: 센서가 내장된 의복)를 활용하면 점프 높이, 균형 유지 시간, 근육 사용량 등을 실시간으로 기록하여 단순 정확도를 넘어 신체 반응 전반을 분석 지표로 확장할 수 있다(Hendry et al., 2020). 또한 2D/3D 포즈 추정 기술(pose estimation: 영상에서 신체 관절 위치를 파악하는 기술)은 원격 환경에서도 학습자의 움직임을 추적하고 피드백을 제공할 수 있음을 보여준다(Zhang et al., 2023).

하지만 이 '몸의 기록'은 물리적 차원에 국한된다. 호흡의 미세한 변화, 관객과의 정서적 교감, 무대의 긴장감과 몰입은 여전히 수치화하기 어렵다. AI는 움직임의 궤적과 패턴을 기록하는 데 탁월하지만, 그 안에 담긴 예술적 감흥과 문화적 맥락을 완전히 이해하기는 어렵다. 따라서 동작의 수치화는 진단과 교정의 출발점일 뿐, 예술적 가치를 온전히 설명하지는 못한다. AI의 기록은 도구이고, 의미를 부여하는 해석은 인간의 몫이다.

숫자 너머의 미적 가치

무용의 본질은 단순한 기술적 정확성을 넘어선다. 동작의 정밀함이나 속도의 안정성이 중요한 기준이 될 수는 있지만, 무용이 예술로서 지니는 가치는 그 이상의 차원에 있다. 무용은 몸의 움직임을 통해 감정을 전달하고, 무대와 관객 사이에서 정서를 교류하며, 문화적 맥락과 상징성 속에서 의미를 창출한다. 창의적 표현과 감각적 경험은 수치로 환원되지 않는 예술적 가치다.

AI는 동작의 패턴을 분석할 수 있지만, 왜 어떤 움직임이 감동을 주는지, 어떻게 몸짓이 독창적 의미를 형성하는지는 아직 완벽하게 이해하지 못한다. 같은 안무라도 무용수마다 감정과 리듬의 결이 다르며, 이는 수치화된 결과로는 설명할 수 없는 영역이다. 예를 들어 기술적으로 완벽하지 않은 동작이더라도 강렬한 감정 표현으로 관객의 몰입을 이끌 수 있다. 이 지점이 정량 분석의 한계다.

따라서 정량 데이터는 교수자의 미적 판단을 보조하는 도구로 사용되어야 한다. 무릎 각도의 편차가 단순 실수가 아니라 의도된 긴장이나 예술적 불균형일 수 있음을 구분하는 일은 AI가 아닌 인간의 해석에서 비롯된다.

AI 기술이 발전할수록 무용의 예술적 본질을 확장하려는 시도들도 나타난다. 〈넌댄스 댄스(Nondance Dance)〉(2022)는 구글 비디오 AI(Google Video AI)를 활용해 'AI가 춤으로 인식하는 동작'과 '그렇지 않은 동작'을 구분하는 실험적 공연이었다. 이는 AI가 춤으로 인식하지 못하는 움직임만으로 안무를 구성한 실험으로, 무용의 정의와 평가 기준 자체에 도전했다.

웨인 맥그리거의 〈리빙 아카이브〉(2019) 프로젝트는 AI 기반 평가 시스템의 대표 사례다. 이 프로젝트는 25년간의 안무 아카이브를 AI로 분석하여 동작 평가의 새로운 가능성을 제시했다(Fjord Review, 2019; LA Dance

Chronicle, 2019). AI는 안무가의 창작 언어를 분석 · 재구성할 수 있음을 보였지만, 결과물의 창작 주체성과 예술 저작권을 둘러싼 논쟁도 불러왔다(정지현, 2025. 2.22).

결국 AI 평가는 정확성과 창의성, 객관성과 주체성 사이의 균형을 요구한다.

데이터·예술·성찰의 통합

AI 기반 무용 평가는 단일한 기준에 의존하지 않고, '데이터-예술-성찰'이 결합한 다층 구조로 재구성되어야 한다. 무용은 동작의 정확성만으로 평가될 수 없기 때문이다. AI가 제공하는 데이터는 평가의 출발점이다. 총체적 평가는 객관적 지표와 맥락적 해석과 학습자의 성찰이 함께할 때 가능하다.

첫째, AI는 분석자다. 모션 캡처와 알고리즘 기반 기술은 동작을 정량화하고 오류 패턴과 수행 수준을 수치로 드러낸다. 이 데이터는 학습자의 현재 위치를 파악하고 구체적인 피드백을 제공하는 근거가 된다.

둘째, 교수자는 해석자다. AI가 제시한 '팔의 각도가 좁다'라거나 '발동작의 속도가 늦다'라는 분석을 '선의 유려함이 미흡하다'라거나 '음악과의 조화가 부족하다'라는 예술적 언어로 번역한다. 교수자는 정량적 지표를 미적 맥락으로 해석하여 교육적 의미로 전환한다.

셋째, 학습자는 성찰자이자 창작자다. 학습자는 제공된 정보를 신체 경험과 연결하여 "왜 이 동작이 어렵게 느껴지는가?", "이 표현은 나의 감정과 어떻게 연결되는가?"를 탐구한다.

이를 위해 혼합형 루브릭(Hybrid Rubric: 정량적 · 정성적 평가 기준을 결합한 평가표)을 도입하여 '정확성(30%)-표현력(40%)-창의성(30%)'과 같이 정량과 정성을 균형 있게 평가하거나, 과정 중심 평가로 성찰 저널과 창작 노트를 포함할 수 있다.

이러한 다층적 평가 기준이 마련될 때, AI 평가는 국제적 맥락에서도 교육적 의미를 갖게 된다. 결국 AI 기반 무용 평가는 점수가 아닌 성장의 과정이며, '데이터의 객관성-예술적 맥락-학습자의 성찰'이 교차하는 총체적 학습 과정으로 이해되어야 한다.

평가의 책임과 한계

AI 기반 무용 평가는 기술적 정밀함을 제공하지만, 무용의 가치와 의미는 인간의 해석에서 완성된다. AI가 제공하는 데이터는 유용한 출발점이지만 여러 한계와 윤리적 과제를 안고 있다.

첫째, 점수 환원주의의 위험이다. AI는 동작을 정량화하여 점수화할 수 있지만, 무용의 예술적 성취는 숫자로 환산할 수 없다. 무용은 반복적인 훈련을 통해 기술적 성취를 이루는 동시에 감각과 감정이 결합한 표현 예술이다. 과정 속의 실험, 감정, 몰입은 단순히 성취도로 측정될 수 없다.

둘째, 편향과 다양성의 문제다. AI가 서구 중심의 데이터세트로 학습할 경우 다양한 전통 무용과 문화권의 몸짓이 배제될 수 있다. 예를 들어 한국 무용의 섬세한 호흡, 아프리카 춤의 리듬 중심 몸짓은 표준화된 AI 모델에서 낮은 인식률을 보일 가능성이 있다. 즉흥적 움직임이나 자유 형식 동작도 시간적 변동성과 예측 불가능성으로 인해 AI 인식 모델에서 낮은 정확도를 보이는 경향이 있다(Fu et al., 2023). 또한 AI는 감정을 탐지할 수 있어도 해석하지는 못한다. 심박이나 호흡 데이터는 감정 상태를 암시할 수 있지만, 그 감정의 예술적 의미는 오직 인간만이 이해한다.

셋째, 윤리적 고려의 필수성이다. 무용 학습 데이터에는 신체 이미지, 생체 신호, 감정 반응 등 민감한 개인정보가 포함되므로, 동의 절차와 데이터 보호, 알고리즘 투명성이 반드시 보장되어야 한다.

따라서 AI의 평가는 무용 교육에서 '끝'이 아니라 '시작'이다. AI는 정밀한 분석자이자 보조적 안내자로 기능하지만, 그 데이터를 예술적 경험으로 해석하고 의미를 확장하는 주체는 인간이다. 교수자는 분석을 교육적 맥락에서 번역하고, 학습자는 이를 자기 성찰과 창작으로 발전시킬 때, AI 기반 평가는 교육적 의미와 예술적 가치를 동시에 구현한다.

결국 AI 평가는 기계적 채점이 아닌, 인간과 기술의 협력적 해석 과정이다. AI는 정밀한 기록자이자 조력자이며, 인간은 그 기록에 의미를 부여하는 해석자다. 이 협력 속에서만 AI의 평가는 무용 교육을 풍요롭게 확장하는 예술적 도구가 될 수 있다.

참고문헌

정지현(2025.2.22). "[춤, 들여다보기-10] 인공지능(Artificial Intelligence)과 함께 춤을". 더프리뷰. http://www.thepreview.co.kr/news/articleView.html?idxno=10458

Fjord Review(2019.7.31). *Company Wayne McGregor/Thomas Adès-Living Archive: An AI Performance Experiment* [Review]. https://fjordreview.com/blogs/all/company-wayne-mcgre

gor–thomas–ades
Fu, J. et al.(2023). Component Attention Network for Multimodal Dance Improvisation Recognition. *Proceedings of the 2023 International Conference on Multimodal Interaction (ICMI '23)*, pp.114~118. Association for Computing Machinery. https://doi.org/10.1145/3577190.3614114
Hendry, D. et al.(2020). An exploration of machine–learning estimation of ground reaction force from wearable sensor *data. Sensors, 20*(3), 740. https://doi.org/10.3390/s20030740
LA Dance Chronicle(2019.7.15). *Adès & McGregor at the Dorothy Chandler Pavilion: A review.* https://www.ladancechronicle.com/ades–mcgregor–at–the–dorothy–chandler–pavilion–a–review/
Shinseungback Kimyonghun(2022). *Nondance Dance*(camera) [Performance]. https://ssbkyh.com/works/nondance_dance/
Xu, L. J. et al.(2025). Effects of AI–assisted dance skills teaching, evaluation and visual feedback on dance students' learning performance, motivation and self–efficacy. *International Journal of Human–Computer Studies, 195*, 103410.
Zhang, Z. et al.(2023). Neuromorphic high–frequency 3D dancing pose estimation in dynamic environment. *Neurocomputing, 547*, 126388. https://doi.org/10.1016/j.neucom.2023.126388

08
감각 기반 무용 교육과 AI 기술의 경계

신체 · 감각 · 감정의 경험은 대체될 수 있을까? 무용 교육은 생생하게 감각하는 몸과 움직임을 통해 세계를 경험하고 의미를 만들어 가는 과정이다. AI는 이 과정을 데이터로 환원하여 정밀하게 기록할 수 있지만, 감각과 정서의 깊이까지 담아내지는 못한다. 이 장은 무용 교육에서 감각 경험의 교육적 의미를 재확인하고, AI 기술의 가능성과 한계를 검토하며, 몸과 기술이 공존하는 감각 교육의 방향을 모색한다.

AI와 인재 채용?

데이터로 환원되지 않는 감각 경험

무용 교육의 본질은 몸을 통한 감각과 감정의 생생한 표현적 경험에 있다. 학습자는 동작만 익히는 것이 아니라 리듬을 체화하고, 정서를 교류하며, 몸으로 세계를 해석한다. 이러한 경험은 알고리즘으로 환원할 수 없는 예술의 고유한 가치다. 따라서 감각 경험은 AI 시대에도 결코 대체될 수 없는 무용 교육의 핵심 토대다.

여러 연구에서도 감각 경험의 중요성이 확인된다. 김설리(2019)는 무용을 "신체 경험을 통해 인지적 · 정서적 학습을 통합하는 총체적 교육"으로 규정하며 감각 경험의 필수성을 강조했다. 피셔-리히테(Fischer-Lichte, 2008)는 예술 경험을 단순한 재현(representation)이 아니라 '신체적 현존' 속에서 감각적 상호작용으로 생성되는 '현현(emergence)'이라 설명했다. 또한 김경미(2025)는 무용 경험이 감각 · 정서 · 인지의 변화를 촉발하며, 미적 발달(aesthetic development: 예술적 감각 · 표현 · 해석 능력이 총체적이고 균형적으로 발달하는 과정)과 긴밀하게 연결된다고 분석했다. 특히 수업 현장에서 음악, 공간, 타인의 움직임이 교차하는 순간 발생하는 즉흥적 의미는 결코 수치로 포착될 수 없다.

샤피로와 스톨즈(Shapiro & Stolz, 2019)의 체화된 인

지(embodied cognition: 인간의 인지 능력이 두뇌 활동에 국한되지 않고 신체와 환경의 상호작용을 통해 형성된다는 관점) 연구도 이를 뒷받침한다. 그들은 인지를 '몸-마음-환경의 상호작용'으로 정의하며, 동작과 제스처가 사고의 표현이자 이해의 도구임을 강조했다. 조선령(2018)은 '신체적 경험의 직접성'이 언어 · 상징 · 문화적 맥락 속에서 성립한다고 지적했다. 이는 무용의 감각 경험이 즉각적 체험과 해석의 결합 위에서 확장된다는 것을 설명한다.

교육 현장 사례도 이러한 감각의 중요성을 입증한다. "Dancing with Data" 연구에서는 학습자들이 수학적 데이터를 움직임으로 표현하며 추상 개념을 감각적으로 이해하는 과정을 제시했다(DesPortes et al., 2022). 수치는 몸을 통해 감각적 경험으로 전환되며, 학습자는 데이터를 체화하고 의미화했다. 이는 감각 경험이 추상적 사고를 구체적 체험으로 바꾸는 교육적 매개임을 보여준다.

하지만 AI가 감각을 대체할 수는 없다. AI 자세 추정 기술이 정확성과 균형에 대한 피드백을 제공할 수 있으나, 감각적 울림과 정서적 공명까지 포착하지는 못한다(Castro et al., 2022). 유네스코(2021) 역시 "AI는 인간의 창의성과 정서적 이해를 대체할 수 없다"고 명시한다. 따라서 AI의 역할은 감각을 대체하는 것이 아니라 감각 기반 학습을 확장하는 매개여야 한다.

기술이 포착하지 못하는 것

AI는 무용 동작을 정밀하게 기록하고 실시간 피드백을 제공하며 교육의 효율성을 높인다. 교수자의 눈으로는 포착하기 어려운 미세한 움직임까지 수치로 분석하고 시각화할 수 있기 때문이다. 그러나 정확한 동작 수행이 곧 풍부한 감각 경험을 의미하지는 않는다. 무용의 본질은 보이는 동작을 재현하는 데 있지 않다. 몸을 통해 감각을 느끼고, 정서를 표현하며, 의미를 창조하는 과정이 바로 무용이다.

표정 인식, 음성 톤 분석, 생체 신호 감지 같은 기술이 감정 상태를 추론할 수는 있어도 감각 경험의 내적 깊이와 예술적 울림을 포착하기는 어렵다(Miko et al., 2025). VR, AR, 메타버스 기술은 공간적 몰입을 확장하지만, 감각은 개인의 기억, 문화, 맥락이 결합한 체험으로 AI 신호만으로는 해석될 수 없다. 결국 의미는 교수자와 학습자의 해석적 상호작용 속에서 탄생한다.

트리니티 라반(Trinity Laban Conservatoire of Music

and Dance, 2024~2025)의 〈학생 대상 AI 정책(Student Facing AI Policy)〉은 AI가 탐구와 창의성을 보완할 수는 있어도 예술적 체험의 대체물은 될 수 없다고 명시한다. 이는 AI와 감각 경험의 경계가 기술적 구분이 아닌, 무용 교육의 정체성과 윤리의 문제임을 시사한다.

또한 AI의 과도한 피드백은 학습자의 주의를 수치에 집중시켜 신체 감각에 대한 몰입을 방해할 수 있다. 교수자는 AI 기술을 언제, 어떻게, 얼마나 사용할지를 신중하게 설계하고, 비기술적 학습 시간을 확보해야 한다. 결국, AI와 감각 경험의 경계는 무용 교육의 본질적 가치를 지켜내려는 철학적 질문으로 이어진다. AI는 효율성을 높일 수 있지만, 감정의 공명과 예술적 감각을 대체할 수는 없다.

감각과 기술의 균형

AI는 무용 교육에서 개별화된 피드백, 학습 효율 향상, 교육 접근성 확대 등 긍정적 변화를 가져온다. AI 가상 멘토링 시스템은 실시간으로 동작을 분석하고 개별 피드백을 제공할 수 있음을 입증했다(Castro et al., 2022). 또한 KAIST의 인공지능 조교(VTA: Virtual Teaching Assistant)는 교수자가 반복적 업무에서 벗어나 심화 학습에 집중할 수 있도록 지원한다(박주영, 2025.6.5). 이러한 흐름은 무용 교육에서도 학습자 중심의 정밀한 조정이 가능한 환경을 마련한다.

하지만 기술 의존이 깊어질수록 인간적 상호작용과 감각적 몰입이 약화될 위험도 커진다. 서재성(2022)은 AI의 도입이 교수자의 역할 변화를 가져왔지만, 감각적 지도와 정서적 소통은 여전히 무용 교육의 핵심임을 강조한다. 유네스코(2021) 역시 AI 활용이 확대될수록 학습자의 정서 경험과 공동체적 상호작용을 보호해야 한다고 권고한다.

따라서 무용 교육은 기술과 감각의 균형을 찾아야 한다. AI는 효율적 도구이지만, 예술적 경험을 풍부하게 만드는 수단으로 설계되어야 한다. 김경미(2023)는 기술을 목적이 아닌 감각과 예술의 깊이를 확장하는 수단으로 보아야 한다고 강조했다. 무용 교육의 궁극적 목표는 감각 경험을 통한 미적 발달이며, AI는 이를 지원하는 보조적 존재여야 한다.

또한 AI의 접근성 확대는 교육 기회를 넓히는 장점이 있지만, 디지털 격차로 인한 불평등 심화라는 역효과를 초래할 수도 있다(서재성, 2022). 따라서 교수자는 기술의 이익과 위험을 모두 인식하고 세심하게 조율해야 한다. 균형 잡힌 접근은 기술이 감각을 대체하지 않고 오히려 확장할 때 실현된다. 이때 교수자는 AI의 데이터와 학습자의 감각 경험을 연결하고 해석하는 매개자로서 무용 교육의 본질을 지키는 역할을 수행해야 한다. 핵심은 '기술로 감각을 강화'하는 것이지 '기술로 감각을 대체'하는 것이 아니다.

몸과 기술 사이, 감각을 지켜내는 교육

AI는 감각 경험을 확장하는 조력자가 될 수 있지만, 과도한 기술 의존은 신체 감각을 약화시키고 예술의 본질을 흐릴 위험이 있다. 따라서 교수자는 기술과 신체 경험의 균형을 정교하게 설계해야 한다.

무용 교육의 핵심은 학습자가 몸을 통해 세계를 느끼고 이해하며 표현하는 과정이다. AI의 분석과 피드백은 유용하지만, 감각과 정서의 체험을 인간만이 만들어 낼 수 있다. 피셔-리히테(2008)가 말한 '현현(emergence)'의 예술 경험은 데이터 중심의 접근으로는 결코 대체될 수 없다.

이러한 관점을 토대로 다음의 다섯 가지 교육 전략이 필요하다.

첫째, 신체 중심 수업을 설계한다. 학습자의 신체 경

험을 수업의 중심에 두고, AI는 보조 장치로만 제한적으로 활용하며 '신체적 공동 현존'을 유지해야 한다.

둘째, 교수자의 해석 역량을 강화한다. 교수자는 동작과 제스처를 인지적·정서적 단서로 읽고 교육적 의미로 전환해야 한다(Shapiro & Stolz, 2019). 동작은 사고와 이해의 과정이기 때문이다.

셋째, 가상과 현실의 균형을 유지한다. VR·AR 기술을 활용하더라도 실제 신체 경험을 병행하여 몰입과 실재성을 확보해야 한다(UNESCO, 2021). 이는 예술적 경험을 유지하는 핵심이다.

넷째, 정서적 몰입을 촉진한다. AI의 수치를 그대로 제시하는 대신, 정서적 피드백으로 변환하여 학습자의 몰입을 돕는다.

다섯째, 비판적 성찰을 길러야 한다. 학습자가 AI 분석과 자신의 감각 사이의 차이를 인식하고 기술의 한계와 예술의 의미를 스스로 성찰하도록 돕는다.

이러한 전략은 무용 교육을 몸과 감각 중심의 예술적 실천으로 유지하면서, AI를 감각과 예술 경험을 확장하는 협력자로 위치시킨다. 교수자는 기술의 효용과 한계를 인식하고, 예술성과 인간성을 함께 보존하는 설계자가 되어야 한다.

AI 시대의 무용 교육은 인간과 기술이 협력하여 감각의 본질을 지키면서도 그 지평을 넓혀가는 예술적 실천의 장이어야 한다. AI는 정밀한 분석의 언어를, 인간은 감각과 해석의 언어를 가지고 있다. 두 언어가 만날 때, 교육은 기술의 효율을 넘어 예술의 깊이로 확장된다.

참고문헌

김경미(2023). "무용교육에서의 인공지능 활용방안 탐색". 《문화예술교육연구》, 18(6), 215~238쪽.

김경미(2025). "무용은 어떻게 이해될 수 있는가? : 연행성의 미학에 기반한 무용교육에의 시사점". 《문화예술교육연구》, 20(2), 99~118쪽.

김설리(2019). "인공지능시대의 인재양성과 무용교육". 《한국무용과학회지》, 36(4), 81~93쪽.

박주영(2025.6.5). "KAIST 수업에 인공지능 조교 도입… 24시간 질의응답". 연합뉴스. https://www.yna.co.kr/view/AKR20250605053500063

서재성(2022). "대학 무용교육에서 인공지능의 활용전략과 적용효과 분석 모델". 《한국스포츠학회》, 20(2), 125~133쪽.

조선령(2018). "퍼포먼스에서 신체적 경험의 직접성과 매개성: 마리나 아브라모비치 작업의 해석을 중심으로". 《미학예술학연구》, 55, 231~258쪽.

Castro, F. E. V. et al.(2022). AI + Dance: Co-Designing Culturally Sustaining Curricular Resources for AI and Ethics Education Through Artistic Computing. *Proceedings of the 17th ACM Conference on International Computing*

Education Research (ICER '22), pp.26~27.
https://doi.org/10.1145/3501709.3544275

DesPortes, K. et al.(2022). Dancing with data: Embodying the numerical and humanistic sides of data. *Proceedings of the 16th International Conference of the Learning Sciences(ICLS 2022)*, pp.305~312.
https://repository.isls.org/handle/1/8805

Fischer-Lichte, E.(2008). *The transformative power of performance: A new aesthetics.* In Jain, S.(trans.). Routledge.

Miko, H. et al.(2025). Using AI-based feedback in dance education - a literature review. *Research in Dance Education*, pp.1~25.

Shapiro, L. & Stolz, S. A.(2019). Embodied cognition and its significance for education. *Theory and Research in Education, 17*(1), pp.19~39.
https://doi.org/10.1177/1477878518822149

Trinity Laban Conservatoire of Music and Dance(2024~2025). *Student facing AI policy.*
https://trinity-laban-assets.s3.amazonaws.com/uploads/2024/10/2024-25-Trinity-Laban-AI-Policy.pdf

UNESCO(2021). *AI and education: Guidance for policy-makers.* UNESCO Publishing.
https://unesdoc.unesco.org/ark:/48223/pf0000376709

09
무용 교육에서 AI 윤리 문제

AI의 도입은 무용 교육에서 새로운 가능성을 열어주는 동시에 신체 데이터의 프라이버시, 알고리즘의 공정성, 창작 주체성과 저작권, 교육적 책임이라는 중대한 윤리적 문제를 드러낸다. 학습자의 몸과 움직임을 데이터로 환원하는 과정은 단순한 기술 활용이 아니라 인간의 권리와 예술적 가치에 직접적으로 닿는 윤리적 실천의 문제다. 이 장은 무용 교육에서 AI 활용을 둘러싼 예술적 · 교육적 · 윤리적 기준과 실천 방향을 탐구한다.

AI와 기자?

신체 데이터와 프라이버시

무용 교육에서 AI 기술이 활용될 때 가장 먼저 마주하는 쟁점은 학습자의 신체 데이터 보호 문제다. AI를 활용한다는 것은 곧 신체와 움직임을 데이터로 변환한다는 의미다. 그러나 신체 데이터는 단순한 지표가 아니라 학습자의 정체성 · 감각 · 문화적 배경이 담긴 민감한 정보다. 무용의 경우 동작 데이터는 관절 각도, 동작의 속도와 리듬, 표정과 호흡 등 신체 전반을 포함하며, 이는 개인의 습관과 정서를 드러내는 예술적 자율성의 표현이기도 하다.

이러한 특성 때문에 신체 데이터의 관리와 보호는 개인정보 보호를 넘어 예술적 존엄을 지키는 문제로 확장된다. 유네스코(2023)는 〈교육과 연구에서 생성형 AI 활용 지침(Guidance for Generative AI in Education and Research)〉에서 데이터 활용의 기본 원칙으로 '최소 수집, 투명 고지, 목적 제한, 보관 기간 명시, 삭제 요청권'을 제시했다. 또한 유럽연합(2024)의 「인공지능법」은 교육 · 훈련 영역의 AI와 생체 · 행동 데이터(biometric and behavioral data: 지문, 얼굴, 동작 패턴 등 신체 특성 정보)를 고위험 영역으로 규정하고 이를 다루는 모든 교육 기관에 투명한 동의 절차와 강력한 보안 체계 마련을 법적으로 의무화했다.

이 문제는 무용 교육에서도 현실적이다. 무용 교육 현장에서 자동화된 모션 교정 시스템을 적용한 연구에서는 데이터 저장과 활용 과정에서 학습자의 동의 절차가 불분명한 사례가 지적되었다(Miko et al., 2025). 안무가 웨인 맥그리거는 AI 훈련 과정에서 무용수의 모션 캡처 데이터가 '완전 양도(complete buyout: 모든 권리를 영구적으로 넘기는 계약)' 관행을 통해 기업의 상업적 모델에 무단 사용될 위험을 경고하며, 예술가의 지적 재산권 보호를 위한 제도적 장치를 촉구했다.

이처럼 신체 데이터 보호는 학습자의 신체를 존중하고 예술적 경험의 존엄을 지키는 최소한의 윤리 기준이며, AI 활용의 출발점이다. 교육 기관은 명시적 동의 의무화, 데이터 저장 · 보관 · 삭제 절차의 투명화, 보안 점검 체계 구축을 통해 학습자의 권리를 보장해야 한다. 트리니티 라반(2024~2025)의 〈학생 대상 AI 정책〉은 수업 중 수집된 신체 데이터가 제3자에게 제공되지 않도록 명시적 보호 규정을 두고 있다. 이는 AI 기술의 확장 속에서도 학습자의 신체와 예술적 존엄이 최우선으로 존중되어야 함을 제도적으로 보여주는 사례다.

창작 주체성과 저작권

AI가 만든 춤은 누구의 것인가? AI의 창작 참여가 확대되면서 무용 교육 현장에서 안무와 콘텐츠의 창작 주체성과 저작권이 새로운 윤리적 과제로 등장했다. 무용은 안무가와 무용수의 몸, 해석, 감정이 결합해 탄생하는 공동 창작의 예술이다. 그러나 AI가 동작을 제안하고 안무를 생성하는 시대가 되면서, "창작의 주체는 누구인가"라는 질문이 교육의 핵심적 철학 문제로 떠올랐다.

무용 창작은 본래 공동 창작의 성격을 지닌다(Banes, 1980; Butterworth & Wildschut, 2017). 안무가의 구상뿐 아니라 무용수의 즉흥, 해석, 감정이 결합해 작품이 완성된다. AI가 여기에 개입할 때 작품의 창의성과 소유권은 더욱 복잡해진다. 예를 들어 〈비욘드 블랙〉(2020) 공연은 AI가 안무 제작에 참여한 대표 사례로, AI가 제안한 움직임이 예술적 실험의 새로운 가능성을 열었지만, 인간의 해석이 결여될 경우 작품의 주체성과 예술적 정체성이 흔들릴 수 있다.

이 문제를 법제 차원에서 보면, 중요한 원칙은 '인간의 창의적 개입이 드러나야 보호된다'는 것이다. 유럽연합(2019)의 〈디지털 단일 시장 저작권 지침(Directive on Copyright in the Digital Single Market)〉은 AI가 생성한

산출물은 인간의 창의적 개입이 있을 때만 보호 대상이 된다고 명시했다. 미국 저작권청(U.S. Copyright Office, 2023)도 〈AI 생성물 포함 저작물에 관한 정책 지침(Policy Guidance: Works Containing Material Generated by Artificial Intelligence)〉에서 "인간의 창의성이 명확히 드러나지 않는 AI 생성물은 보호를 받을 수 없다"고 선언했다. 이러한 국제 원칙은 무용 교육 현장에서 AI 창작물의 평가와 귀속 원칙을 세우는 중요한 기준이 된다.

무용 교육 현장에서는 이러한 법적·예술적 기준을 현실적으로 다뤄야 한다. 학습자가 AI를 활용해 안무를 만들 때, AI가 제안한 동작과 학습자의 창의적 개입을 구분하여 기록하고 출처를 명시(provenance: 자료의 출처와 이력을 추적할 수 있게 기록)하도록 지도해야 한다. AI는 조력자일 뿐, 창작의 주체는 인간(학습자와 교수자)임을 명확히 해야 한다. 무용 교육은 AI 활용 기술 교육뿐 아니라 창작 윤리와 저작권 의식 교육을 병행해야 한다. AI는 춤을 생성할 수 있지만, 춤에 생명을 불어넣는 것은 인간이다.

알고리즘의 편향과 공정성

AI 기반 무용 평가 시스템은 정확성, 균형, 리듬을 수치화하여 실시간 피드백을 제공한다는 점에서 교육적으로 유용하다. 그러나 정확한 분석이 곧 공정한 평가를 의미하지는 않는다. 무용은 정답이 존재하는 훈련이 아니라, 다양한 신체성과 문화적 맥락 속에서 의미를 창조하는 예술이기 때문이다. 편향된 알고리즘은 특정 체형, 장르, 문화적 표현을 불리하게 평가하여 예술의 다양성을 훼손할 위험이 있다.

AI 평가의 한계는 네 가지 측면에서 드러난다.

첫째, 정량화된 기준 중심의 공정성 한계: 알고리즘은 각도, 속도, 대칭성 같은 물리적 수치에 집중하기 때문에 감정과 질감의 미묘한 차이를 반영하지 못한다.

둘째, 문화적 다양성의 결여: 무용은 연령, 체형, 문화, 장르의 차이를 포괄하는 예술이지만, AI가 특정 장르, 예를 들어 서구 발레 중심의 데이터세트로 훈련되면, 한국 무용이나 현대 무용의 표현은 과소평가된다.

셋째, 학습자의 심리적 영향: AI 점수에 대한 과도한 의존은 신체 감각보다 숫자 중심의 학습 태도를 강화하여 창의성과 몰입을 약화시킬 수 있다.

넷째, 책임 구조의 불투명성: 알고리즘 편향이 발생해도 책임 주체가 명확하지 않으면 학습자의 권리가 침해될 수 있다.

국제 기준은 포용성과 인간 감독을 요구한다. 유네스코(2023)는 공정성과 비차별을 AI 교육의 핵심 원칙으로 제시했고, 유럽연합(2024)의 「인공지능법」은 교육용 AI를 고위험군으로 분류해 편향 점검, 인간 감독, 투명성 확보를 의무화했다. 쉬 외(Xu et al., 2025)는 편중된 데이터세트가 학습자의 성취와 동기에 부정적 영향을 미칠 수 있음을, 미코 외(Miko et al., 2025)는 정확성 중심 설계가 즉흥과 해석 능력을 반영하지 못함을 지적했다. 따라서 무용 교육은 데이터세트의 다양성 확보, 평가 기준의 다원화, 정기적 알고리즘 감사(audit: 시스템의 편향과 오류를 점검하는 절차)를 통해 공정성을 확보해야 한다.

결국 AI 편향 문제는 기술의 오류가 아니라 교육적 정의(educational justice: 모든 학습자의 평등한 학습권 보장)의 문제다. 무용 교육의 공정성은 학습자의 다양성과 예술적 가능성을 지키기 위한 최소한의 조건이며, AI는 효율적 도구일 수 있지만, 평가의 기준은 인간의 감각과 해석에 기반해야 한다.

교육적 책임과 윤리적 성찰

AI 윤리의 핵심은 "기술을 얼마나 잘 쓰는가"가 아니라

"기술을 인간적 가치와 어떻게 조율하는가"다.

AI의 도입은 무용 교육을 기술적으로 발전시켰지만, 그만큼 책임과 윤리의 제도화가 필수적이다. 교육적 책임이란 AI의 효율성 속에서도 학습자의 권리, 예술적 다양성, 감정적 안정성을 지켜내는 실천적 기준을 의미한다.

국제 지침들은 공통적으로 인간 중심의 윤리를 강조한다. 유네스코(2023)는 인간 중심성, 투명성, 책임성을 AI 활용의 핵심 원칙으로 제시하고, 유럽연합(2024)은 AI 교육 시스템의 인간 감독과 편향 점검을 법적 요건으로 제시했다. 영국 예술위원회(Arts Council England, 2025)는 〈책임 있는 AI 활용 지침서: AI 정책 개발(Responsible AI Practical Toolkit: Developing an AI Policy)〉에서 예술 기관이 데이터 · 저작권 · 편향을 정기적으로 점검하고, AI 정책을 조직의 가치 체계와 연계할 것을 권고했다.

현장 연구 또한 이를 뒷받침한다. 미코 외(Miko et al., 2025)는 AI 기반 무용 훈련이 학습 성취도 향상에 기여할 수 있으나, 알고리즘의 편향이 학습자의 동기와 예술적 다양성을 약화시킬 수 있음을 지적했다. 쉬 외(Xu et al., 2025) 역시 교수자의 비판적 개입과 학습자의 권리 보호가 AI 교육의 핵심 전제임을 강조했다. 이 연구들은 AI 활용이 단순한 기술 혁신이 아니라, 윤리적 성찰과 교육적 책임의 실천이 병행되어야 함을 보여준다.

따라서 무용 교육에서 AI 윤리 실천의 기본 원칙은 다음과 같다. 첫째, 학습자의 동의와 투명성 확보: 신체 데이터 수집 · 저장 · 활용에 대해 명시적 동의와 정보 공개가 이루어져야 한다. 둘째, 책임 주체의 명확화: AI 시스템 운용, 데이터 관리, 결과 해석의 각 단계에서 책임 범위를 구체적으로 설정해야 한다. 셋째, 정서적 안전의 보장: AI 피드백이 학습자의 자존감이나 감정적 안정성을 침해하지 않도록 세심한 관리가 필요하다. 넷째. 환원적 평가(reductive assessment: 복잡한 예술적 성취를 단순한 수치로 축소하는 평가)의 지양: 정량화된 점수 중심 평가를 넘어, 과정 중심의 예술적 성찰 평가로 전환해야 한다. 다섯째, 교수자의 비판적 기술 감수성 함양: AI의 편의성과 한계를 구분하고, 교육적 의미로 재해석할 수 있는 역량이 필요하다. 이 다섯 가지 원칙은 AI 시대 무용 교육의 윤리적 토대다.

교육 기관은 AI 윤리위원회를 설치해 데이터 관리 · 편향 점검 · 저작권 규정을 제도화해야 한다. 교수자는 기술적 편의보다 비판적 성찰을 통해 학습자 권리와 예술적 다양성을 지키는 판단을 해야 한다. 학습자는 창작과 성찰을 통해 예술적 성장과 주체성을 확립해야 한다.

결국 AI 윤리는 선언이 아니라 실천 가능한 규범으로 구현되어야 하는 교육의 철학이다. 기술이 인간을 대체하지 않고, 인간의 예술성과 감수성을 확장하도록 만드는 것이 AI 시대 무용 교육의 윤리적 방향이다.

참고문헌

Arts Council England(2025). *Responsible AI Practical Toolkit: Developing an AI Policy.* Arts Council England.

Banes, S.(1980). *Terpsichore in Sneakers: Post-modern Dance.* Houghton Mifflin.

Butterworth, J. & Wildschut, L.(2017). *Contemporary Choreography: A Critical Reader.* Routledge.

European Union(2019). Directive (EU) 2019/790 of the European Parliament and of the Council of 17 April 2019 on copyright and related rights in the Digital Single Market. *Official Journal of the European Union, L 130,* pp.92~125. https://eur-lex.europa.eu/legal-content/EN/TXT/?uri=CELEX%3A32019L0790

European Union(2024). *Artificial Intelligence Act* (Regulation (EU) 2024/1689). *Official Journal of the European Union, L 2024/1689,* 12.7.2024, pp.1~144. https://eur-lex.europa.eu/eli/reg/2024/1689/oj/eng

Miko, H. et al.(2025). Using AI-based feedback in dance education - a literature review. *Research in Dance*

Education, pp.1~25.

Trinity Laban Conservatoire of Music and Dance(2024~2025). *Student facing AI policy.* https://trinity-laban-assets.s3.amazonaws.com/uploads/2024/10/2024-25-Trinity-Laban-AI-Policy.pdf

UNESCO(2023). *Guidance for generative AI in education and research.* https://unesdoc.unesco.org/ark:/48223/pf0000386693/PDF/386693eng.pdf.multi

U.S. Copyright Office(2023). Copyright Registration Guidance: Works containing material generated by artificial intelligence. *Federal Register, 88*(51), 16190-16195. https://www.copyright.gov/ai/ai_policy_guidance.pdf

Xu, L. J. et al.(2025). Effects of AI-assisted dance skills teaching, evaluation and visual feedback on dance students' learning performance, motivation and self-efficacy. *International Journal of Human-Computer Studies, 195*, 103410.

10
무용 교육을 위한 AI 활용 전략

AI는 무용 교육에 새로운 가능성과 수많은 질문을 던진다. 그러나 무용의 본질은 여전히 몸과 감각, 감정 속에 살아 있다. 무용 교육에서 AI 활용의 핵심은 기술 자체가 아니라 무엇을 위해, 어떻게 사용할 것인지에 대한 분명한 기준을 세우는 일이다. 단순히 'AI를 어떻게 활용할 것인가'를 넘어 'AI와 함께 어떤 무용 교육의 미래를 설계할 것인가'라는 질문을 중심에 두고, 기술의 속도보다 인간성과 예술성을 지켜내는 균형 속에서 실천 전략을 모색한다.

AI와 미래 의사?

무용 교육의 목적을 다시 세우다

AI는 우리가 무용 교육을 왜 하는지, 무엇을 지향해야 하는지를 근본적으로 되묻게 한다. 기술 도입의 목적이 불분명하다면 교육의 본질을 흐릴 수 있으므로, 첫 질문은 "무엇을 위해 AI를 쓰는가"여야 한다. AI는 정답을 빠르게 제시하지만, 교육은 질문을 던지고 그 질문을 통해 사고와 경험을 확장하는 과정이다. 무용 교육에서 AI는 동작 교정을 넘어 질문을 촉발하고 성찰을 이끄는 장치가 되어야 한다.

유네스코(2021)의 〈AI와 교육: 정책 입안자를 위한 지침〉은 "AI가 지식을 전달할 수는 있어도 해석과 가치 판단은 인간의 영역으로 남는다"고 강조한다. AI가 동작을 분석하고 안무를 제안할 수는 있어도, "이 동작의 의미는 무엇인가?", "이 움직임이 내 몸에 어떤 감각을 남기는가?"라는 질문은 인간의 몫이다.

수업 설계에서도 'AI가 무엇을 할 수 있는가'보다 'AI가 무엇을 해서는 안 되는가'를 먼저 규정해야 한다. 정밀 분석 · 정보 제공 · 반복 피드백은 AI에 위임하되, 감정 표현 · 예술적 해석 · 최종 평가 권한은 교수자에게 있어야 한다. AI는 교육을 대신하는 존재가 아니라 사유와 감각의 확장을 돕는 동반자여야 한다. 따라서 무용 교육에서

AI 활용은 단순한 효율의 문제가 아니라 목적의 문제다.

무용 교육은 AI 시대에도 인간 중심 교육으로서 최적의 교육이라 할 수 있다. 그 이유는 무용이 인간의 신체, 움직임, 감정에 기반한 미적 감각-사고-행위의 통합적 발달, 즉 미적 발달(aesthetic development: 예술적 감각 · 표현 · 해석 능력이 총체적으로 발달하는 과정)의 과정을 이루는 예술이기 때문이다(김경미, 2022). 미적 발달은 몸의 감각을 통해 사고하고, 사고를 행위로 구현하는 통합적 학습 과정을 통해 이루어진다. AI는 이 과정의 효율을 높일 수 있지만, 감각과 감정의 통합적 성장은 오직 인간의 몸을 통해서만 완성된다. 즉 AI가 아무리 발달하더라도 몸의 감각과 미적 사고의 통합은 대체될 수 없으므로 기술은 인간의 감각적 · 정서적 성장 과정을 확장하는 방향으로 활용되어야 한다.

신체성과 기술의 통합

기술은 학습의 리듬을 방해하지 않고, 몸의 경험과 감각을 확장하는 방향으로 통합될 때 가장 큰 힘을 발휘한다. 부자연스러운 기술 도입은 몰입을 떨어뜨리고, 자연스러운 결합은 오히려 수업의 리듬을 강화한다. 동작 분석과 실시간 피드백을 제공하는 AI 도구는 학습자의 자기 인식과 자기 교정 능력을 높이고, 생성형 AI는 새로운 표현 시도를 자극한다. 중요한 것은 도구의 화려함이 아니라 수업의 '호흡' 속에 기술이 녹아드는 일이다.

이때 무용 교육의 핵심은 여전히 신체성에 있다. 리듬과 호흡, 손끝의 감정, 무대의 상호작용은 AI가 대신할 수 없는 인간 고유의 경험이며, 무용 교육이 실현되는 토대다. AI 활용 전략의 핵심은 신체성을 대체하는 것이 아니라 상호 보완하며 확장하는 것이다. AI가 동작을 교정하고 데이터를 제공할 수는 있지만, 움직임의 감각과 의미를 부여하는 일은 인간의 몫이다. 교수자는 감각의 해석자, 학습자는 신체적 경험의 창조자가 되어야 한다. AI는 교육의 중심이 아니라 감각 · 사고 · 행위의 통합을 지원하는 조력자로 기능해야 한다. 이러한 균형 속에서 무용 교육은 기술을 도입하면서도 예술성과 인간성을 함께 지켜낼 수 있다.

실제 수업에서도 이러한 흐름을 만들 수 있다. 학습자들이 PoseNet(웹기반 포즈 추정 모델)을 통해 자신의 동작을 촬영하고 자세와 각도를 확인한 뒤, Dance Diffusion이나 Sora(텍스트 · 이미지 조건 기반 생성형 도구)를 활용해 유사 음악과 이미지 조건으로 안무 아이디어를 생성한다. 그 결과를 자신의 안무와 비교하며 토론하는 과정에서 학습자는 기술과 신체가 만나는 경계를 경험한다. 교수자는 '데이터가 말해 주지 않는 몸의 느낌'을 언어화하도록 학습자의 감각적 자기 인식을 유도한다. 성공적인 수업은 기술의 이해와 교육적 해석 역량을 고루 갖춘 교수자의 설계 능력에 달려 있다.

AI는 기술을 넘어 '몸의 감각을 깨우는 도구'가 되어야 한다. 학습자는 AI의 제안을 수동적으로 수용하는 대신, 그것을 자신의 감정과 신체 경험을 해석하는 매개로 전환한다. 무용 교육은 이 과정에서 신체적 경험과 인지적 사고, 감정적 공명을 동시에 자극하는 총체적 학습이 된다. 이때 교수자의 역할은 AI가 만든 결과를 교육적으로 해석하고, 학습자의 표현을 확장하는 안내자 역할이다. 기술의 리듬이 수업의 호흡과 조화를 이루는 순간, 무용 교육은 기술과 예술, 신체와 감각의 경계를 넘어선다.

지속 가능한 기반 구축

AI 기반 무용 교육이 일회성 실험으로 그치지 않고 지속 가능한 체계로 정착하기 위해서는 데이터, 기술, 정책의 세 축이 필요하다.

첫째, 데이터는 AI 기반 무용 교육의 기초 언어다. 장르 다양성, 연령 스펙트럼, 멀티모달(multimodal: 텍스트 · 이미지 · 영상 · 음성 등 여러 형식의 데이터) 자료, 정확한 주석을 갖춘 대규모 · 고품질 데이터세트가 필수다. 대표적으로 AIST++(Li et al., 2021), MADS(Zhang et al., 2017), AI-Hub 무용 데이터세트는 기초를 제공하지만, 여전히 문화적 편중을 보완해야 한다.

둘째, 기술 인프라 구축은 수업의 실행력이다. 모션 캡처 · VR 장비, 동작 분석 소프트웨어, 안정적 네트워크, 클라우드 저장 · 공유, 실습 공간 등 현실적 환경이 갖추어져야 한다. 일부 대학에서는 OpenPose를 활용해 학생들의 동작 데이터를 축적 · 비교하고, VR 플랫폼을 통해 교실 밖에서도 반복 학습을 수행한다(Sarupuri et al., 2024). 이처럼 데이터와 기술의 기반이 함께 구축되어야 지속 가능한 AI 수업 환경이 완성된다.

셋째, 정책과 윤리는 지속가능성의 조건이다. 유럽연합(2024)의 「인공지능법」은 교육용 AI를 고위험군으로 분류하며 데이터 거버넌스(data governance: 데이터의 수집 · 관리 · 활용에 대한 규칙과 책임 체계) · 편향 점검 · 인간 감독을 법적 의무로 명시했다. 유네스코(2023)의 〈교육과 연구에서 생성형 AI 활용 지침〉은 데이터 보호 · 형평성 · 투명성을 핵심 원칙으로 제시한다. 이러한 국제 기준은 무용 교육 현장에서도 제도적 설계와 교육 정책에 반영되어야 한다.

결국 미래 무용 교육의 전략은 새로운 도구의 도입보다 데이터를 어떻게 수집·관리하고, 기술을 어떻게 윤리적으로 활용할지에 대한 토대 구축에 있다. 무엇보다 데이터와 기술의 토대는 인간의 신체 경험을 지탱하고 확장하는 기반이 되어야 한다. 기술은 효율을 높이기 위한 수단이 아니라, 신체성과 예술적 감각의 성장을 지원하는 환경이어야 한다. 이 기반이 단단해야 AI 시대 무용 교육은 지속 가능하게 발전할 수 있다.

AI 활용 실천 가이드

무용 교육에서 AI를 언제, 어떻게 적용할 수 있을까? AI는 무용 교육을 새롭게 설계하고 확장할 수 있는 조력자이자 증폭기다. 무용 교육은 본질적으로 몸과 감정, 움직임을 통한 미적 발달의 과정이기 때문에, AI는 이를 보조하고 확장하는 역할에 머물러야 한다. 이제 실제 수업에서 AI를 활용할 수 있도록 교수자와 연구자를 위한 실천 가이드를 제시하고자 한다.

질문과 토론 촉진을 위한 도구

- ChatGPT: 수업 도입 질문 생성 및 토론 촉진. "AI는

무용 동작을 평가할 수 있는가?" 같은 질문을 제시하여 학습자의 비판적 사고를 유도.

• Google Move Mirror: 웹캠으로 동작을 인식해 유사한 이미지를 매칭. 자신의 동작을 시각적으로 확인하며 AI의 한계와 차이를 인식.

• Runway Gen-2: 텍스트 · 이미지를 입력하면 짧은 영상 생성. 간단한 안무 영상 아이디어를 만들고 수업 토론의 소재로 활용.

동작 분석과 피드백을 위한 도구

• PoseNet: 오픈소스 포즈 추정 도구. 학생 동작을 skeletal 모델로 시각화하여 자세와 각도 분석.

• DeepMotion: 비디오 기반 모션 캡처 · 애니메이션 생성 서비스(Animate 3D). 동작 업로드 후 자동 리타기팅 · 분석 결과 제공. 반복 학습 보조에 적합.

• AI-Hub Feedback Dataset: 무용 동작 교정 · 분석 · 피드백 자동화 학습용 데이터. 교육 연구의 기반.

창작과 안무 생성을 위한 도구

• Dance Diffusion: 음악 생성형 AI. 새로운 음악이나 변형 아이디어를 제공해 창작 활동 자극.

• Sora: 텍스트 · 이미지 입력 기반의 비디오 생성. 학습자에게 새로운 안무 영감 제공.

학습 환경과 기반을 위한 리소스

• OpenPose: 영상에서 skeletal 데이터 추출. 학생별 성장 포트폴리오 구축 및 연구 자료로 활용.

• AI-Hub 무용 데이터세트: 전통 무용 · 실용 무용 영상 포함. 국내 무용 교육 및 연구에 특화된 자원.

• AIST++/MADS: 음악-동작이 정밀하게 매칭된 대규모 무용 데이터세트. 안무 생성 · 분석 연구의 표준.

• VR 플랫폼(Beat Saber, SynthRiders, Dance Central): 몰입형 환경에서 반복 학습 지원. 교실 밖에서도 무용 학습 또는 원격 수업에 활용.

핵심 실천 아이디어

• 수업 도입에서 "AI는 무엇을 할 수 있고, 무엇을 할 수 없는가?"라는 질문을 던지고 토론으로 시작하기.

• PoseNet으로 특정 동작(턴 · 점프)을 분석하고, 학습자가 스스로 교정 포인트를 기록하기.

• DeepMotion 피드백 후 '몸의 느낌'을 언어화해 발표하고 상호 피드백하기.

- Dance Diffusion/Sora로 생성한 안무와 학습자가 창작한 안무를 비교 · 토론하기.
- 학기별 수업 영상을 기록해 성장 포트폴리오를 만들고, 학생 스스로 자신의 변화 과정을 시각화하기.
- VR 플랫폼을 활용해 교실 밖에서도 무용을 반복 학습하고, 수업 시간에는 그 경험을 공유하기.
- 'AI가 대신할 수 없는 나의 표현력'을 주제로 개인 퍼포먼스 발표하기.

이러한 실천 가이드는 기술과 신체, 질문과 실행을 아우르는 전략으로, AI는 인간의 예술적 사고를 확장하는 도구라는 것을 실감하게 한다. AI와 함께하는 무용 교육은 먼 미래가 아니라 오늘의 수업에서도 실현 가능한 학습 혁신이다. 교수자와 연구자는 이 아이디어들을 각자의 수업 맥락에 맞게 변형하고 확장함으로써, AI 시대에도 무용 교육의 본질을 지켜낼 수 있다.

결국 무용 교육의 과제는 'AI를 얼마나 잘 쓰느냐'가 아니라, 'AI를 인간의 몸과 예술과 어떻게 조율하느냐'에 있다. 무엇보다 AI는 조력자, 창작과 해석의 주체는 인간이라는 원칙이 흔들려서는 안 된다. 그래야만 AI 시대에도 무용 교육은 예술성과 인간성을 지켜내며 새로운 교육적 가능성을 열어갈 수 있다. AI와 함께 춤추는 시대에도 무용 교육은 몸과 예술, 그리고 인간의 길을 묻는 교육이어야 한다.

참고문헌

김경미(2022). "문화예술 교육적 맥락에서의 무용교육을 통한 미적 발달 연구: 미학·교육학·심리학의 융합적 접근". 부산대학교 교육학과 박사학위논문.

AI-Hub. https://www.aihub.or.kr

Dance Diffusion. https://github.com/Harmonai-org/sample-generator

DeepMotion. https://www.deepmotion.com

European Union(2024). *Artificial Intelligence Act* (Regulation (EU) 2024/1689). *Official Journal of the European Union, L 2024/1689,* 12.7.2024, pp.1~144. https://eur-lex.europa.eu/eli/reg/2024/1689/oj/eng

Li, R. et al.(2021). AI Choreographer: Music conditioned 3D dance generation with AIST++. *Proceedings of the IEEE/CVF International Conference on Computer Vision(ICCV)*, pp.13401~13412.

Move Mirror. https://experiments.withgoogle.com/move-mirror

OpenAI ChatGPT. https://chat.openai.com

OpenAI Sora. https://openai.com/sora

OpenPose. https://github.com/CMU-Perceptual-Computing-Lab/openpose

PoseNet.
https://github.com/tensorflow/tfjs-models/tree/master/posenet

Runway Gen-2. https://runwayml.com

Sarupuri, B. et al.(2024). Dancing in virtual reality as an inclusive platform for social and physical fitness activities: a survey. *The Visual Computer, 40*(6), pp.4055~4070.

UNESCO(2021). *AI and education: Guidance for policy-makers.* UNESCO Publishing.
https://unesdoc.unesco.org/ark:/48223/pf0000376709

UNESCO(2023). *Guidance for generative AI in education and research.*
https://unesdoc.unesco.org/ark:/48223/pf0000386693/PDF/386693eng.pdf.multi

Zhang, W. et al.(2017). Martial arts, dancing and sports dataset: A challenging stereo and multi-view dataset for 3D human pose estimation. *Image and Vision Computing, 61*, pp.22~39.

김경미

교육학 박사로 부산대학교 연구교수이며 부산대학교 무용학과·교육학과 강사, 미적발달교육연구소 대표다.
부산대학교 예술대학 무용학과에서 학사 및 석사 학위를, 부산대학교 사범대학 교육학과에서 교육학 박사학위를 취득했다. 박사학위 논문 "문화예술교육적 맥락에서의 무용교육을 통한 미적 발달 연구"를 통해 무용교육의 철학적 토대와 실천체계를 정립했다. 현재 부산대학교 무용학과·교육학과·문화예술교육원, 부산교육대학교에서 무용교육, 문화예술교육, 융합예술교육을 강의하고 있으며 한국연구재단 학술연구교수로 활동하며 무용교육 및 문화예술교육 분야의 다수 논문을 발표했다. 한국문화교육학회와 한국체육무용과학회 이사로 학술교류에도 참여하고 있다. 최근에는 AI와 무용교육의 융합 가능성에 주목하여 관련 연구와 교육 프로그램을 수행하며, 예술·교육·기술의 만남을 통해 인간중심 예술교육의 미래를 모색하고 있다.